Stephen Schoen
Wenn Sonne und Mond Zweifel hätten

PH
V

Stephen Schoen

Wenn Sonne und Mond Zweifel hätten

Gestalttherapie als spirituelle Suche

Vorwort von Erhard Doubrawa

Aus dem Amerikanischen von
Ludger Firneburg u. a.

Herausgegeben von Anke und Erhard Doubrawa

gik Gestalt Institut Köln
Werkstatt humanistische Psychologie

Peter Hammer Verlag
Eine Edition des Gestalt-Instituts Köln/
GIK Bildungswerkstatt

Umschlagabbildung:
Kalligraphie des japanischen Priesters
Yamada Mumon:
Jaku, *»Stille«*

Die Deutsche Bibliothek — CIP-Einheitsaufnahme
Schoen, Stephen:
Wenn Sonne und Mond Zweifel hätten : Gestalttherapie als spirituelle Suche ; eine Edition des Gestalt-Instituts Köln, GIK Bildungswerkstatt / Stephen Schoen. Vorw. von Erhard Doubrawa. Aus dem Amerikan. von Ludger Firneburg u.a.
Hrsg. von Anke und Erhard Doubrawa. — Wuppertal : Hammer, 1996
ISBN 3-87294-735-4

Herausgegeben von Anke und Erhardt Doubrawa
Umschlaggestaltung: Magdalene Krumbeck
Satz: H & G Herstellung GmbH, Hamburg
Druck: GRAFO, S.A., Bilbao
Printed in Spain

»Wenn Sonne und Mond Zweifel hätten,
würden sie sofort erlöschen.«
William Blake

INHALT

Erhard Doubrawa: Vorwort

Stephen Schoens vorliegendes Buch umfaßt eine Reihe von Vorträgen zum Thema Gestalttherapie und Spiritualität. In seiner Einleitung zu der hier vorliegenden Sammlung beschreibt er die Entstehung seiner Ideen im Kontext seines biographischen Hintergrundes und gibt uns Einblick in seinen eigenen Entwicklungsprozeß.

Als wir vor einigen Monaten mit Stephen in einem Interview über seinen Lebensweg sprachen, war ich zutiefst davon berührt, wie sich in ihm der einst erfahrene Mangel an liebevollen Beziehungen zu einem Reichtum wandelte, der ihn befähigt, seinen KlientInnen die Erfahrung eines heilsamen Kontakts zu ermöglichen. Es mag überraschen, zu sehen, wie im Verlaufe dieser Entwicklung aus einem schüchternen und ängstlichen Kind ein kontaktfreudiger und liebevoller Mann wurde. Doch es zeigt auch in ermutigender Weise, welche Veränderungen angesichts solcher Begegnungen möglich sind, die erfüllt sind vom Licht des Buberschen *Ich-Du* und in denen wir uns in unserem Wesen angesprochen und gemeint wissen.

Einen existentiellen Augenblick hat Len Bergantino diesen lebensstiftenden Moment genannt. Leben – nicht einfach nur überleben. Bergantino beschreibt ihn als eine Begegnung von Wesen zu Wesen, als temporäre Überwindung der Rollen, als heilende Berührung, die tiefe Rührung auslöst – und zwar sowohl beim Klienten, als auch beim Therapeuten, – häufig auch Tränen, und nicht selten eine existentielle Scham, die zeigt, wie nah wir unserem Wesen sind, unserer Mitte, unserer Seele. Bergantino weist in diesem Zusammenhang darauf hin, daß diesen existentiellen Augenblicken eine spirituelle Dimension eigen ist.

Abraham A. Maslow machte ähnliche Entdeckungen, als er sich mit seelisch besonders gesunden Menschen beschäftigte. Diese Menschen, die sich oftmals nicht eigentlich als religiös verstanden, wußten um die Erfahrung spiritueller Momente der Aufhebung des Getrenntseins. Gipfelerlebnisse — Momente der Verbundenheit, des Dazugehörens. Momente des Heilseins, des Ganzseins.

In Therapiegruppen sitzt Stephen häufig neben seinen KlientInnen, ihnen ganz zugewandt, interessiert. Er weiß, was er tut. Er bietet dem Klienten den Nektar, den er in seiner Kindheit, seiner Jugend und als junger Mann so entbehrte und der ihm einst (als Klient, in der Begegnung mit Krishnamurti, in seiner Begegnung mit Buber in der Literatur) zur Heilung gereichte und gereicht wurde.

Oft berührt er sein Gegenüber — auch physisch, nie aber ist er aufdringlich. Durch seinen Respekt vor den eigenen Grenzen und denen der anderen haben diese Berührungen eine sakramentale Qualität, wenn man darunter die äußere, sichtbare Manifestation des inneren, unsichtbaren Heilungsprozesses versteht.

Stephen erlaubt seinem Gegenüber, durch Dank aus seiner Schuld zu treten. Er ermöglicht dem anderen Freiheit. Er fragt: Wie geht es dir? Und er will die Antwort hören. Er fragt nach, bemerkt Veränderungen und Entwicklungen, äußert Betroffenheit und Freude. Er ist großzügig in seiner Bereitschaft, sich um den anderen zu sorgen.

Stephen gibt ebenso gerne wie er genußvoll nimmt. Er verschweigt nicht, daß er sich gerne verwöhnen läßt. Und er kann danken und wertschätzen. In seiner liebevollen Art und Weise, Verbindung zu knüpfen, ist er vor allem seinem Herzen verpflichtet.

Stephen zu kennen, verdanke ich meinem Lehrer und Mentor Milan Sreckovic. Milan hat — auf Lore Perls Initiative hin — Stephens erstes Buch in deutscher Sprache veröffentlicht (»Geistes Gegenwart«. Philosophische und literarische Wurzeln einer weisen Psychotherapie, EHP, Köln 1990). Und

Milan war es auch, der mir empfohlen hat, Stephen in unser Institut einzuladen. Inzwischen ist Stephen Schoen ein gern-gesehener Gast, ein geschätzter Lehrtrainer in unseren Gestalttherapie-Ausbildungen – und mehr noch: ein vertrauter, wertvoller, herzlicher Freund.

Köln, im Mai 1996
Erhard Doubrawa

Einleitung

Die sechs Aufsätze in diesem Buch sind Früchte der Erfahrungen meines bisherigen Lebens. Sie alle handeln von einem bestimmten Verständnis menschlicher Erfahrung. Vielleicht ist der Leser daher interessiert, mehr über mich und die Menschen zu erfahren, die mein eigenes Leben geprägt haben.

Meine Eltern waren Juden der gehobenen Mittelschicht. Sie lebten in der New Yorker Geschäftswelt und versorgten mich mit allen materiellen Annehmlichkeiten, taten sich jedoch schwer, was meine emotionale Entwicklung betraf. Mein Vater war seinem Wesen nach ein gutmütiger Junggeselle und der Rolle des Ehemanns oder Vaters nicht sonderlich verpflichtet. Meine Mutter hingegen verhielt sich mir gegenüber, als ihrem einzigen Sohn, um so besitzergreifender. Ich konnte meinen eigenen Interessen nachgehen und widmete mich der Musik und der Literatur, aber ich hatte kaum ein Gespür für guten Kontakt mit anderen und nur wenig Vertrauen zu meinem eigenen Gefühlsleben. Rückblickend fällt es mir leicht, zu sehen, wie damals, als ich in Harvard studierte, mein Interesse an William Blake (»Energie ist ewige Freude«) und wenig später an Krishnamurtis tiefgreifend ökologischer Botschaft (»Sein bedeutet: In-Beziehung-Sein«) mich erwachen ließ. Doch die tiefere Bedeutung dieser Männer, mit denen mich von Anfang an eine natürliche Verwandtschaft verband, lag in ihrer Lebensfreude, die nichts Besitzergreifendes hatte. Diese Lebensfreude bejahte das Selbst und transzendierte gleichzeitig ein fixiertes Ich. Mir wurde klar, was mir in meiner Entwicklung immer gefehlt hatte: ein nährender Kontakt mit meinen Eltern. Aber es ging mir nicht darum, nun das wiederherzurichten, was ich als Kind vermißt hatte. Statt dessen begann ich, nach einer inwendigen Fülle zu suchen, die sich unablässig erneuern würde.

Ich meine damit nicht, daß ich persönliche Beziehungen

zu vermeiden suchte, indem ich mich in transzendente Erfahrungen flüchtete (obwohl so etwas tatsächlich vorkommt). Nein, gerade weil mein Zugang zu persönlichen Beziehungen so erschreckend eingeschränkt war, machte ich mich auf die Suche nach einem Psychotherapeuten. Ich war damals Anfang zwanzig und unterrichtete Englische Literatur an einer Universität in Washington, D.C. Zur selben Zeit hatte ich das Glück, in New York ein persönliches Gespräch mit Krishnamurti führen zu können (er war damals noch nicht so berühmt und empfing Einzelne auf Anfrage auch persönlich). In guter Blakescher Manier ermutigte Krishnamurti mich, meinen Impulsen zu trauen. »Wie aufregend! Sie haben noch alles mögliche zu entdecken.« Und warum – so meinte er – sollte ich mir nicht eine Freundin suchen und eine mögliche Ablehnung riskieren? »Wer weiß? Sie könnten eine Menge über Ihre eigene Stärke lernen.« Was mich an ihm am meisten beeindruckte, war seine feurige Intensität, die – durchdringend und doch nicht greifbar – ein Feuer in mir entfachte. Diese Intensität, das spürte ich, entsprang einem spirituellen oder mystischen Zentrum. (»Spirituell« ist ein grundlegender Begriff für den Bereich des Transzendenten; »mystisch« bedeutet *Einheit* mit dem Zustand der Transzendenz. Ich gebrauche beide Begriffe gleichwertig und beziehe mich hier nicht auf theologische Dogmen).

Während der folgenden Jahre eröffnete mir die Psychotherapie die Freiheit befriedigender Beziehungen und ich begann, mich für diesen Beruf zu interessieren.

Doch meine neue Freiheit bekräftigte in mir auch die Bedeutung einer zentralen, ungebundenen Realität »jenseits des Ich«, die in Krishnamurti selbst deutlich wurde und die der orientalische Mystizismus in besonderer Weise zu ergründen schien. Insofern war ich auf einer in unserer Zeit ganz üblichen Pilgerschaft. Wenige Generationen zuvor hatten in Deutschland Karlfried Graf von Dürckheim und Eugen

Herrigel das Japanische Zen entdeckt, und Hermann Hesse hatte seine »Reise in den Osten« unternommen. Kurz darauf schrieben in den Vereinigten Staaten Alan Watts und Huston Smith brillante Beiträge über buddhistisches Denken. Und heute kommen viele Schüler der Lehren Buddhas und Lao Tses aus Europa oder Amerika (und unter den Amerikanern häufig aus einer jüdischen Tradition). Es ist, als ob die buddhistische Meditation und das Gewahrsein des Tao vielen westlichen Menschen heute die Erkenntnis der alten jüdisch-christlichen Botschaft erleichtert: »Das Reich Gottes ist inwendig in Euch.«

Mein eigener Eintritt in die Welt der Psychiatrie jedoch ließ für den transzendenten Bereich nur wenig Raum. Ich begann meine Ausbildung bei Harry Stack Sullivan in Washington; seine Schule betonte die strukturierende Kraft interpersoneller Beziehungen in unserem Leben. Natürlich stimmte ich mit seinem Fokus überein, ebenso wie mit seiner Sichtweise der unendlichen Vielseitigkeit der Persönlichkeit, die in jedem neuen zwischenmenschlichen Feld neue Qualitäten annimmt. Doch Sullivans eher trockene und schwierige Analyse der »Felder« zielte auf die unpersönliche Präzision der Physik ab. Was ich bei ihm vermißte, war die lyrische Freiheit Blakes und die Mischung aus psychologischer und spiritueller Feinsinnigkeit etwa der Literatur Rilkes und Kafkas. Meine berufliche Situation spitzte sich zu als ich fünf Jahre später nach San Franzisko ging, um meine Ausbildung am Langley Porter Neuropsychiatric Institute fortzusetzen. Meine Lehrer dort waren traditionelle Psychoanalytiker, die das Individuum als einen komplexen Mechanismus libidinöser Energie betrachteten. Was war aus dem Kontakt geworden, wie ich ihn von Krishnamurti her kannte? Was war aus der reichen und uneingeschränkten Erfahrung geworden?

Und dann, während der sechziger Jahre machte ich zwei Entdeckungen, Zwillingsentdeckungen. Ich las Martin

Buber. In seinem Buch ICH UND DU [1] ging es um das Zwischenmenschliche, genau wie bei Sullivan. Aber im Unterschied zu Sullivan zielte Buber auf spirituelle und poetische Präzision ab. Sein Verständnis des »Zwischenmenschlichen« machte etwas sehr deutlich: Die unendliche innere Freiheit des Buddhismus und des Tao *beginnt* mit jener Freiheit in der Beziehung, die alle Kategorien transzendiert; und gerade so, wie unbegrenzte innere Freiheit traditionell als mystisch bezeichnet wird, beschreibt Bubers *Ich-Du* einen *interpersonellen Mystizismus.* Es ist transzendent, aber auch diesseitig und konkret. Es erscheint in tiefgründig offenen persönlichen Beziehungen; und es bildet untrüglich den geheiligten Grund, in dem Psychotherapie wurzelt.

Zur selben Zeit entdeckte ich – wie schon gesagt – eine psychotherapeutische Schule, die von eben dieser Lebensqualität sprach, die Gestalttherapie. Diese Schule berücksichtigte auch die »kreative Leere« (Fritz Perls) im Klienten, die der »erfüllten Leere« des Buddha vergleichbar ist. Gestalttherapie betrachtete Erfahrung als etwas, das größer ist als die Summe ihrer analysierbaren Teile, sei es hinsichtlich ihres Ursprungs oder ihres Fortgangs. Erfahrung ist einmalig, jedesmal und immer wieder. »Erfahrung« und »Erfahrender« sind identisch, deshalb gibt es kein davon trennbares, beständiges »Ich«. Die Gestalttechniken versuchen darüber hinaus, eine Art der Verbindung zum anderen zu stärken, die im mystischen Sinne unbeschreiblich ist.

Natürlich kann man mich fragen: »Wenn du all diese Weisheit in der Gestalttherapie gefunden hast, also innerhalb des psychiatrischen Bereichs, warum willst du sie dann noch mit alten spirituellen Traditionen vergleichen? Und warum überhaupt den Begriff ›spirituell‹ dafür verwenden«?

Meine Betonung dieses Vergleichs bringt in der Tat eine persönliche Neigung zum Ausdruck. Mit glücklichem Schrecken habe ich erkannt, daß die Einsichten der jüdischen, der christlichen und der orientalischen Mystiker (Buber, Meister Eckhart, Lao Tse) auf dieselbe, nicht kategorisierbare Wahrheit hinweisen. Was mich zu diesem weitläufigen Vergleich führte, war eine spezielle Ironie meiner eigenen Erfahrung. Die hervorragendsten Gestalt-Lehrer, die ich in der modernen Psychiatrie kennengelernt habe, *waren überhaupt keine* sogenannten Gestalt-Lehrer. Einer von ihnen war der Psychologieforscher Gregory Bateson, dessen *systemische* Sicht der Interaktion den Begriff des Gestaltgewahrseins präzisierte und der erkannte, daß »das Muster, das [alles Lebende] verbindet«, gleichzeitig mysteriös und gesetzmäßig ist. Seine Aussage: »Nichts geschieht niemals« war sein Beitrag zum Gestaltbegriff der »kreativen Leere«. Bateson stellte mich einem anderen ausgezeichneten Lehrer vor, dem Hypnotherapeuten Milton Erickson, der seine enormen intuitiven Fähigkeiten nutzte, um die unbewußte Intelligenz seiner Patienten zu erreichen – mit dem selben Ziel, das Gestalttherapeuten veranlaßt, sich dem auftauchenden Gewahrsein ihrer Klienten zuzuwenden, nämlich einen größeren Reichtum der Erfahrung zu ermöglichen. Sowohl Bateson als auch Erickson hatten einen Sinn für die Unbegrenztheit unserer Tiefe, der ihnen den Horizont spiritueller Weisheit eröffnete.

Vielleicht aber sind diese »nicht gestaltischen Gestalt-Lehrer« gar keine solche Ironie. Es liegt in der Natur tiefgreifender Einsichten, daß sie von Menschen gewonnen werden, die ihre eigenen Kategorien überschreiten: Bateson, ein genuiner Denker der Verhaltensforschung; Erickson, ein Erneuerer der Hypnotherapie. Und der zentrale Punkt der Gestalttherapie ist ein präsentes, ganzheitliches Gewahrsein des Lebens.

Ich sehe noch eine weitere bedeutsame Verbindung zwischen spiritueller und therapeutischer Erfahrung: beide haben einen fundamentalen Bezug zum *Paradox*. Spirituelle Wirklichkeit hat immer mit dem Paradox zu tun: Unsterbliche Wahrheit inkarniert sich in sterblichen Wesen. Verschiedene Denksysteme sind bemüht, diesem Widerspruch einen harmonischen Sinn beizulegen, z.B. in der wundersamen Natur des Menschen Jesus, der auch Wort Gottes ist; oder im Bereich der Unendlichkeit und Ewigkeit, der wir letztlich alle entgegengehen, sei es nach unserem Tod oder nach vielen Inkarnationen. Doch alles, dessen wir in diesem Leben gewiß sein können, ist die Existenz dieses Paradoxes. In der Psychotherapie geht es um ähnliche Paradoxe. Der Therapeut akzeptiert den Klienten »von Anfang an als sinnvoll«, nichts an ihm ist eigentlich verkehrt. Und dennoch: es gibt etwas zu »heilen«! Oder — sagen wir — die eigentlich zugrunde liegende Schwierigkeit liegt »jenseits der Worte« und wird nonverbal empfunden. Trotzdem suchen Therapeut und Klient nach wohlformulierten Worten, um sie zu heilen. Wir sagen: »Jede Therapie muß Selbsttherapie sein. Du mußt deine eigene Heilung finden«, gleichzeitig aber auch: »Wahrscheinlich schaffst du es nicht alleine und brauchst die Hilfe des Therapeuten.« Und schließlich steht die Therapie in einem eleganten Kontext von Verabredungen, Honoraren und einem »Behandlungsplan«.

Doch das Ziel der Therapie ist die Selbstakzeptanz des Klienten und seine Verbindung mit anderen in der ewigen Gegenwart des Buberschen *Ich-Du*. Und die Behandlungszeit dient von Anfang bis Ende dazu, diesen zeitlosen Bereich zugänglich zu machen.

Die Aufsätze in diesem Buch, die alle diesem Verständnis des Paradoxen gewidmet sind, umspannen einen Zeitraum von 16 Jahren. Was 1978 als mein Interesse an den Übereinstimmungen und Unterschieden zwischen Psychotherapie und Buddhismus begann, wurde etwa 1989 zu einer festen Überzeugung ihrer zutiefst identischen Natur. Die Unterschiede, die ich anfänglich aufzeigte, sind — für den Klienten — noch immer wahr genug. Klienten wollen ihre Sorgen loswerden, ihre Ängste, Depressionen und ihre Verwirrung. Sie machen von Psychotherapie Gebrauch, um sich besser zu fühlen. Sie haben kein Interesse an dem buddhistischen Ziel, »sich nicht mit dem Ego zu identifizieren«. Die Identität, die ich zu sehen gelernt habe, ergibt sich *aus der Sicht des Therapeuten*. Der Therapeut gibt jeweils sein Bestes, um die zeitlose Tiefe der Freiheit zu erreichen, die im Klienten latent oder noch nicht entwickelt schlummert, gerade so, wie gute Eltern oder Lehrer das Kind oder den Schüler zu fördern suchen. Ich identifiziere diese Qualität der therapeutischen Beziehung mit Bubers *Ich-Du* und die besondere Natur hilfreicher Interventionen mit Lao Tses *wu-wei*, was bedeutet, die innere Kraft des Klienten dadurch zu stärken, daß wir mit ihr »mitgehen«, ungeachtet dessen, wo und wie der Klient gelernt haben mag, sie zu unterbrechen und zu blockieren. Laß Dich auf Buber und Lao Tse ein, wende sie an, und — so glaube ich — alles weitere Therapeutische wird dir dazugegeben werden.

Die Aufsätze werden hier eher thematisch als chronologisch vorgestellt. Die ersten drei Artikel behandeln die Einheit des Spirituellen mit dem Therapeutischen. Der vierte Aufsatz, der früheste, beschäftigt sich mit den Parallelen, aber auch mit einigen Abweichungen zwischen beiden, obwohl ich bereits 1984 — im fünften Aufsatz — den Fokus auf die Identität der Prozesse gelegt habe. Der letzte Artikel aus dem Jahre 1994 bekräftigt diese Identität jenseits des psychotherapeutischen Kontextes in einer guten Verbindung, der »Ehe«.

Ich bin Erhard Doubrawa sowie den Mitarbeitern und Trainees seines Institutes sehr dankbar für die liebevolle Aufmerksamkeit, die sie diesen Aufsätzen geschenkt haben. Ihnen allen liegen Vorträge zugrunde, die ich am Gestalt-Institut Köln (GIK) halten durfte und die später von Erhards Kollegen Ludger Firneburg überarbeitet und z.T. neu übersetzt wurden. Ich sagte schon, daß die Wirklichkeit des *Ich-Du* über ein Wiederherstellen des Verlorenen in einer Beziehung hinausreicht. Sie ist jedesmal neu und kraftvoll. Und doch habe ich auch das Gefühl persönlicher Erneuerung, für das ich dankbar bin, wenn ich an die Familie meiner Kindheit zurückdenke, in der ich mich entfremdet fühlte, und auf der anderen Seite an die tiefen, wohltuenden Freundschaften in einer spirituellen Familie, die ich hier in Deutschland finden konnte.

San Rafael / Kalifornien, im April 1996
Stephen Schoen

»WENN SONNE UND MOND ZWEIFEL HÄTTEN«

Psychotherapie als spirituelle Suche

Wenn ich heute abend zu Ihnen über die spirituellen Werte der Psychotherapie spreche, spreche ich damit über ein weites, neues Kapitel der modernen Psychologie, eines, das noch vor nur 25 Jahren niemand außer Jung voraussah. Es ist ein erfreuliches Zeichen der Bescheidenheit, sich darüber klar zu werden, wie sich geistiger Fortschritt auf allen Gebieten auszeichnet durch kühne Ausfälle in das Unbekannte, gefolgt von vorsichtigem Rückzug, wenn man auf neue Schwierigkeiten trifft. Es gab eine Zeit während unseres Jahrhunderts, in der die Psychologie zur Naturwissenschaft zu gehören schien, mit sicheren Begriffen wie »die Libido des Organismus« oder »der interpersonale Bereich«. Geschätzt werden diese Ideen heute – von denen, die sie überhaupt schätzen – als nützliche Hypothesen eher denn als Wahrheit. Unsere Theorien fühlen sich nicht mehr wie fester Grund an, sie sind eine Art Flugsand. Und dennoch bleibt etwas, das die meisten Theorien unerklärt lassen, etwas, das wir tatsächlich als tief und sicher und voll erfahren. Es ist das Gefühl der Ehrfurcht vor dem Leben und dem Grenzenlosen in ihm, dem, was Krishnamurti das souveräne »Anderssein« der menschlichen Natur nannte. Und so kommt auch in der professionellen Psychologie das Interesse an spiritueller Zentriertheit wieder auf. Wenn Sie so wollen, ersteht darin sogar das Mittelalter in gewisser Weise wieder.

Aber dieses Wiedererstehen kann heute nur auf intelligente Weise und mit gutem Gewissen erfolgen, wenn wir dabei unsere wissenschaftliche Haltung nicht außer acht lassen. Wir wissen ja tatsächlich etwas aus unserer harten empirischen Arbeit mit Menschen. Und wenn wir richtig über spirituelle Werte nachdenken wollen, so wollen wir das mit Hilfe von Begriffen tun, die diese Arbeit nicht ignorieren. Der Begriff Metapher ist hier exemplarisch; und ich werde ihn in dem Sinne verwenden wie ihn mein guter Freund, der große englische Sozialwissenschaftler Gregory Bateson, in seinen letzten Lebensmonaten vor etwa 10 Jahren verwendete.

Zunächst einmal hat er ihn definiert – mit seiner üblichen Begabung für Umkehrlogik. Denn ihm ging es nicht um die »Metapher« die wir alle in der Schule auswendig gelernt haben: d.h. Ungleiches gleich zu machen. Ein Beispiel: »Du bist der Traum meiner schlaflosen Nächte«. Aus Batesons Sicht enthüllt eine Metapher eine *reale Ähnlichkeit* zwischen unterschiedlichen Dingen, eine »Korrespondenz der Form zwischen einem erwähnten Ding und einem anderen«. Sein Terminus Technicus hierfür war »Isomorphismus«. Dann ist »Du bist der Traum meiner schlaflosen Nächte« nicht nur ein galantes Kompliment. Es ist eine wirklich Entdeckung. Oder hören Sie den englischen Dichter William Blake:

Wenn Sonne und Mond Zweifel hätten
würden sie sofort erlöschen.

Wir spüren den Isomorphismus unmittelbar: das heißt, die Verbindung zu uns selbst. *Wir* würden erlöschen, wenn *wir* Selbstzweifel hätten. Oder Goethes Beschreibung der Natur der physikalischen Farbe: »Farben«, bemerkt er, »sind die Aktionen und Passionen des Lichtes.« Wieder spüren wir die Verbindung: Die Farben unserer eigenen Aktionen und Passionen im Vergleich zu dem Licht innerer Energie, wenn wir gesammelt und still sind. »Aber diese Verbindungen«, werden Sie vielleicht sagen, »sind doch keine wörtlichen Realitäten. Sie erzählen nur eine Geschichte.« Das ist richtig, aber die Macht der Geschichte liegt darin, daß wir sie als wahr akzeptieren. Wir haben das Gefühl, eine *Entdeckung* zu machen.

In dieser Weise möchte ich mit Ihnen heute abend über die Seele sprechen. Ich werde sie als Metapher oder als eine Reihe von Metaphern darstellen. Und ebenso wie wir durch eine gute Metapher zu einer neuen Wahrnehmung unserer selbst, zu einem neuen Geisteszustand kommen, so ist unsere erste Frage: »Was für ein Geisteszustand ist für uns hier und heute die Seele?«

Stellen Sie sich zwei Arten von Beziehungen vor: Die erste ist die des gegenständlichen Lebens. Normalerweise sind wir vertieft in zielgerichtete und in der Zeit festgelegte Handlungen, von den einfachen – zum Beispiel, ein Glas Wasser zu holen, wenn wir Durst haben – bis zu den hochkomplizierten – zum Beispiel, erfolgreich im Beruf zu sein, eine Beziehung gelingen zu lassen oder eine mißlungene aufzugeben und so weiter. Dies ist das kategorisierbare Leben. Es ist die Wirklichkeit, in der wir einen Namen, unsere Geschichte, unsere Pläne haben, die Wirklichkeit Ihrer Anwesenheit hier und heute als Zuhörer und meiner Anwesenheit als Vortragender, in der jeder von uns sich fragt, was wir »davon haben« werden, wie wir es »gebrauchen können«. Es ist eine *unvollständige* Wirklichkeit: Wir können ihr immer noch etwas hinzufügen. Martin Buber nennt sie die *Ich-Es-Beziehung*.

Na gut, mögen Sie wohl meinen, gibt es denn noch mehr an Wirklichkeit? Ich kenne eine hübsche Karikatur über dieses Thema des »Etwas Mehr«. Man sieht zwei Zen-Mönche bei der Meditation, einen älteren und einen jungen Novizen mit verblüfftem Gesicht. Der Novize hat gerade eine Frage gestellt, der Ältere antwortet. Er sagt: »*Nichts kommt jetzt. Das ist es.*« Jetzt befinden wir uns in der zweiten Art von Beziehung, der, die Buber *Ich-Du* nennt. Sie ist die des nicht kategorisierbaren Lebens. Sie ist nicht effektvolle Präsentation des Selbst, sondern Präsenz des Selbst ohne Ansehen des Effekts. Sie ist unmittelbare, spontane Erfahrung des anderen in reiner Aufmerksamkeit, reiner Gemeinsamkeit, ohne irgendwelche Bedingungen. Sie ist das Schmecken des anderen wie bei einem genußvollen Spaziergang durch einen Blumengarten — ohne daß man die Blumen beim Namen nennt — oder bei der Beobachtung eines Sonnenuntergangs oder beim Spielen mit einem Baby oder bei einer zufriedenen Mutter, die ihr Kind stillt. Sie ist das Bewahren der Einzigartigkeit des anderen, wie Simone Weil es einmal beschrieb: »Der Glaube an die Existenz anderer Menschen als solche ist Liebe.« Sie ist die unbegrenzte Fülle der Verbindung, eine Fülle, die etwas Neues schafft, wie in John Donnes Zeilen:

> Wenn Liebe zueinander zwei Seelen
> zusammen mit Seele erfüllt,
> wird jene größere Seele, die daraus entspringt,
> den Makel der Einsamkeit verringern.

Und auf all diese Arten ist die *Ich-Du*-Beziehung etwas *Vollständiges*. Diese Art der Beziehung ist meine erste Metapher für die Seele — die freie Seele. In Donnes Worten ist es »jene größere Seele«.

Es ist klar, daß ich zwischen diesen beiden einen Gegensatz postuliere wie zwischen »kalter Sachlichkeit« und »warmen Herzen« oder »dem Buchstaben« und »dem Geist« des Gesetzes. Und natürlich existieren wir nicht in diesen Reinzuständen. Es gibt kein Leben der Seele ohne alltägliche Verrichtungen, Beruf und Pläne. Und auch der reinste und warmherzigste Mensch könnte auf einem Autoaufkleber behaupten: »Ehrlichkeit macht sich bezahlt. Aber nicht hoch genug.« Oder die Seele kann ganz bewußt und zufrieden in einer Hülle materieller Dinge eingeschlossen sein, wie in jener Bemerkung, die Emerson so bezaubernd zitiert: »Mit bewundernder Ergebenheit«, sagt er, »habe ich von der Erfahrung jener Dame gehört, welche erklärte, das Wissen, gut angezogen zu sein, verleihe ein Gefühl innerer Ruhe, das die Religion nicht zu geben imstande sei.« Noch kann das reinste Aktzeptieren eines anderen ehrlicherweise jenen wunderbaren Ausspruch des kalifornischen Humoristen Ashleigh Brilliant ignorieren: »Wenn ich dich so akzeptiere, wie du bist, heißt das nicht unbedingt, daß ich jegliche Hoffnung aufgegeben habe, du könntest dich bessern.« Auf der anderen Seite der Angelegenheit hat niemals jemand gänzlich seelenlos ein Glas Wasser getrunken, mit Ausnahme vielleicht eines von IBM hergestellten Roboters. Aber im wesentlichen liegt das Problem des Menschen doch auf dieser Seite, weil es so viel Handeln, Planen, Bewerten, Erreichen und In-Beziehung-mit-anderen-Stehen geben kann, an dem die Seele wenig beteiligt ist; oder vielmehr, die Seele kann in diesen Tätigkeiten fixiert werden wie ein in Acrylglas eingeschlossener Schmetterling. Und dann ist das Muster der Handlungen eines Menschen nicht, wie T.S. Eliot sagt, »ein Muster zeitloser Augenblicke«, was ein guter Ausdruck für das tägliche Leben in seiner Fülle und ein gutes Synonym für die althergebrachten Vorstellungen vom »Reich Gottes« ist.

Der Psychotherapie geht es um diese Fülle. Es geht ihr mit anderen Worten darum, daß die Seele frei wird. Wie ist es ihr je gelungen, unfrei zu werden? Es ist ganz offenkundig, daß wir so geschaffen sind, daß wir oft unterhalb unserer Möglichkeiten zur Weite leben. Ich werde heute abend nicht die Erklärungen der Theologie, des Mythos oder sogar der Entwicklungspsychologie beschwören. Ich möchte bei der bloßen Tatsache unserer Erfahrung ansetzen, wie sie sich von Augenblick zu Augenblick, in jedem Alter zeigt: in der Bewegung eines Wunsches zu seiner Erfüllung. Ich will dieses Glas Wasser – und ich trinke. Ich will dich begrüßen – und ich sage: »Hallo«. Aber angenommen, ich will und handle nicht, ich will und hindere mich selbst am Wollen. Angenommen, ich hindere mich tatsächlich daran zu merken, daß ich diesen Wunsch überhaupt habe? Eine andere Metapher:

Stellen Sie sich eine Meereswelle in einiger Entfernung von der Küste vor. Betrachten Sie sie, wie sie sich fortbewegt, auf die Küste zu. Langsam türmt sie sich auf, dann bricht sie, fällt zusammen und erreicht den Strand. Impulse erheben sich in uns ganz wie eine Reihe solcher Wellen, wie das manifeste Aufsteigen unsichtbarer Tiefen; und wie die Meereswellen von der Anziehungskraft des Mondes geformt werden, so ziehen auch äußere Ereignisse die Wogen des Impulses zum Handeln hin. Nach ihrer Erfüllung verläuft sich die Welle; sie flacht ab und weicht schließlich zurück.

Jetzt stellen Sie sich die Welle weit von der Küste entfernt vor, sie nähert sich – und plötzlich erstarrt sie. Sie hält mitten in der Bewegung inne. Das Auftürmen und das Brechen der Welle bleiben aus. Dann kommt sie in dieser verkümmerten Form wieder in Bewegung, aber nur um zusammenzufallen. So ist es mit meinem Wunsch, Sie zu begrüßen, wenn ich ihn sofort leugne; die Welle hat keine Möglichkeit, sich aufzutürmen. Oder stellen Sie sich vor, sie täte es zwar aber erstarrte dann: denn angenommen, ich will Sie begrüßen und leugne diesen Wunsch auch vor mir selber nicht, aber unmittelbar darauf folgt eine weitere Welle: Ein alter, nicht beigelegter Streit zwischen uns erhebt sich in mir, wenn ich Sie sehe; und ich leugne auch ihn nicht, aber ich will mich ihm auch nicht wirklich stellen. Also will ich Sie begrüßen und will doch nicht – und dann? Dann begrüße ich stattdessen den Mann, der neben Ihnen geht, der mich gar nicht interessiert; und ich finde mich besessen von Abscheu gegen den Schlips, den Sie tragen. Also, Sie sehen: beide Wellen türmen sich auf – ein bißchen. Aber sie brechen nicht. Oder angenommen, ich bin entschlossen, Sie zu begrüßen und tue es auch, und ich versuche, alles das zwischen uns zu vergessen, was mich bedrückt hat, so daß mein Wunsch gehemmt ist: Die Welle bricht zwar, aber bereits bevor sie sich zu voller Höhe erhoben hat. Oder ich weiß, daß ich Ihnen in der Vergangenheit Unrecht getan habe, obendrein möchte ich jetzt, daß Sie etwas für mich tun, und ich vergesse leicht die Schwierigkeiten, die noch zwischen uns stehen; die Welle türmt sich auf und bricht, aber ihr volles Erheben und Abflachen sind gehemmt. Nun, all dies sind Beispiele für die sogenannte Psychopathologie. Psychotherapeutische Fachleute nennen die Reaktion, einen Wunsch zu fürchten, »schizoid« (das Nicht-Kulminieren des Verlangens); sich nicht zwischen widerstreitenden Wünschen zu entscheiden und sie durch ständiges, repetitives Grübeln abzuschirmen, »obsessiv« (hier wurde das Brechen der Welle verhindert); die Reaktion, Wünsche zu schnell in Handlungen umzusetzen, »hysterisch« (die Welle bricht zu früh); die Weigerung, die Folgen eines Wunsches, der erfüllt wurde, zu verarbeiten, »soziopathisch« (Flut und Ebbe werden geleugnet). All dies sind, kurz gesagt, unterschiedliche Muster von selbstunterbrochener Erfahrung. Und wenn man mit den Gestalttherapeuten der Ansicht ist, daß sich das Innenleben in aufeinanderfolgenden Wellen als etwas aufeinanderfolgend Gestaltetes abspielt, dann ließen sich alle Probleme der Psychotherapie zusammenfassen in einem Begriff: *Gestaltus Interruptus*. Nun kompliziert die tatsächliche Erfahrung die Wellenmetapher, indem sie uns sich überschneidende Wellenhänge von unterschiedlicher Höhe, Häufigkeit und Stärke erleben läßt. Der Wunsch nach einem Glas Wasser zum Beispiel ist riesengroß wenn ich verdurste, aber im zivilisierten Leben ist er meist klein und kehrt natürlich häufig wieder, im Vergleich zu der weiten, sich langsam erhebenden Welle, sagen wir, der Symphonie, die ich schreibe, oder des Hauses, das ich baue, oder der Zukunft meiner getrübten Ehe. Die Pfade des Verlangens kann ich auch zu verschiedenen Zeiten auf all die Arten unterbrechen, die ich geschildert habe. Psychopathologie ist demokratisch, sie repräsentiert uns alle in ihrer Gänze, obwohl wir unsere auf vergangenen Prägungen basierenden Lieblingsmuster haben. Aber was ich in diesem Augenblick betonen will ist lediglich diese gewaltige Fähigkeit zur Selbstunterbrechung, die wir haben. Man könnte es auch so ausdrücken, daß wir die Zeitlosigkeit jedes Augenblicks vergessen oder verkennen oder vorantreiben, und so wird der Augenblick gefangengenommen. Dies ist der Verlust des Spirituellen. Im Denken der Mystiker ist es die Natur des Bösen, und Kafka faßt es in seiner eigenen, kurzen, verblüffenden Metapher zusammen: »Ein Käfig ging einen Vogel suchen.«

Aber um noch einmal auf die unterbrechenden Wellenmuster zurückzukommen, wie wir sie spüren: Es geht uns nicht im geringsten um »spirituell« oder »nicht-spirituell«; wir mögen noch nicht einmal spüren, daß wir erstarrt sind. Wir fühlen etwas anderes: Angst, Depression, Verwirrung und Selbstzweifel. Dies sind die sichtbaren Zeichen des Schrumpfens der Seele und die Gründe, derentwegen wir, wenn der Druck sehr groß wird, in Therapie gehen. Kürzlich zeigte mir eine Frau eine Karikatur in einer Zeitschrift (Sie sehen, ich habe eine Schwäche für Karikaturen wegen ihrer Stärke, etwas auf den Punkt zu bringen). Sie zeigt einen Mann, der an einem Laden vorbeigeht und sich ein Schild im Schaufenster ansieht. Auf dem Schild steht: »Wir rücken Dinge ins rechte Licht – während Sie warten.«[2] Sicher ein Laden für Psychotherapie! (Das Schild verzichtet auf die Angabe, wie lange Sie vielleicht warten müssen – von »sofort« kann allerdings wohl kaum die Rede sein.) Aber ganz im ernst: es steckt eine schicksalhafte, zweischneidige Aussage in diesem Schild, und ich möchte die Situation, die es zeigt, als erklärenden Kernpunkt für die Bedürfnisse der Seele ansehen. Was sind das für Bedürfnisse? Die Seele muß frei von Selbstunterbrechung sein – das ist das primäre Problem. Aber damit das geschehen kann, braucht sie etwas ganz anderes, ganz spezifisches. Sie muß liebevolle Sorge durch einen anderen erfahren, sie braucht nichts weniger als das Gefühl, geliebt zu werden. Diese liebevolle Sorge ist ihr von keiner anderen Person bisher zuteil geworden, oder nicht in genügendem Maße, aber sie braucht sie, jetzt und immerdar. Und deshalb tut sie sehr gut daran, einen Therapeuten zu suchen.

Ich habe vom Schrumpfen der Seele gesprochen, und ich möchte dies mit einer Metapher aus dem körperlichen Bereich ausdrücken: Die Seele sitzt fest und dreht sich um sich selbst, wie die Menschen um sie herum gerne sagen. Sie hat sich eingemauert, oftmals mit deutlicher Hartnäckigkeit. Gleichzeitig kann sie sich mit offenkundiger Arroganz aufblasen und sehr stolz sein. »Ich lass‹ mich nicht herumschubsen!« Dennoch ist sie empfindlich und schmerzt. Und ebenso wie man schmerzhaftes, empfindliches, geschwollenes und eingeschlossenes Körpergewebe als »entzündet« bezeichnet, kann man diesen Seelenzustand als »Egoitis« bezeichnen.

Jemand, der so leidet, sucht in der Psychotherapie Erleichterung von den Schmerzen der Entzündung. Er oder sie kann kaum wissen, daß die eingepferchte Seele all die Bedingungen verteidigen wird, die ihre Entzündung aufrechterhalten: Isolierung, Selbstunterbrechung, Arroganz. Sie weiß nicht, daß sie um ihrer selbst willen geschätzt und geliebt werden kann, weil sie sich nämlich selber nicht schätzt und liebt. Sie hat das Gefühl, von anderen geliebt zu werden, nie erfahren. Der englische Dichter Auden zitiert ein autistisches Kind, um zu zeigen, wie selbst eine Maschine, eine gute Lehrmaschine zum Beispiel, ein Maß an Liebe bieten kann, das Menschen nicht zu geben imstande sind. Das Kind sagt: »Maschinen sind besser als Menschen. Menschen gehen zu weit.« Wir haben immer den Wunsch, daß sie nicht zu weit gehen möchten; daß wir gerade so geliebt werden können, wie wir sind, mit all unseren Schwächen, Mißerfolgen, Begabungen und möglichen Stärken, so wie es in den amerikanischen Annoncen für Gebrauchtwaren heißt: »im *Ist-Zustand.*« Nun ist eine weitere bemerkenswerte Tatsache hinsichtlich der Seele, die sich in ihrem Ist-Zustand nicht schätzt und sich ständig selbst unterbricht, wie wenig sie in der tatsächlichen Gegenwart lebt. Im

Inneren von Kafkas Käfig – jenem Käfig, der für unsere geschrumpfte Seele steht – kommt sie nicht wirklich zur Ruhe und schaut nicht gelassen um sich. Sie flattert wild hin und her, schließt die Augen, grübelt über die Vergangenheit nach, sorgt sich um die Zukunft oder träumt davon. Wenn der Käfig einen Riegel zum Öffnen hätte, würde sie ihn nicht bemerken. Ich erinnere mich an eine vergnügliche Geschichte, die der buddhistische Meditationslehrer Jack Kornfield erzählt. In einem Spielkasino in Las Vegas, dem großen Dorado des Glücksspiels im Westen der Vereinigten Staaten, hängt ein Schild: »Um hier zu gewinnen, müssen Sie sich beteiligen.« Nun, dies gilt für das Kasino in Las Vegas; es gilt allgemein auch für die Psychotherapie; und es gilt ebenso für das Spirituelle. Tatsächlich besteht das Sakramentale, das Therapeuten zu bieten haben (und wir können nur hoffen, daß wir der Aufgabe gewachsen sind) in eben dieser Frische der Wahrnehmung und dem Tribut an das Wertvolle, so daß der Patient »im Ist-Zustand« aufgenommen wird wie ein großes, neues Naturphänomen, wie der Sonnenuntergang heute abend. Und dies ist doch ein allgemeiner, menschlicher Wunsch, sei er nun offen oder verborgen, denn wir alle sind wie Gebrauchtwaren, die sich wünschen, wie Gottes allererster Sonnenuntergang gewürdigt zu werden. Und wenn wir das werden, ereignet sich tatsächlich eine alchimistische Veränderung. Darin liegt die Natur des Spirituellen. »Der wahre Christ«, schreibt Andre Gide, »ist jener, *der von Wasser trunken wird. In seinem Inneren* wiederholt sich das Wunder von Kana.« (Erinnern Sie sich? Die Hochzeit zu Kana, bei der Jesus Wasser in Wein verwandelt. Gide sagt: *In seinem Inneren.*)

Das Wunder der Therapie der Seele beginnt mit der Linderung der Schmerzen. Aber ich möchte jetzt von meinen ziemlich gehobenen Metaphern von der Natur und dem Spirituellen zu einer ganz anderen, etwas komischen überwechseln.

Das ist so seltsam gar nicht. Wir kommen jetzt zur alltäglichen Realität des Sprechzimmers, wo die Tatsachen gleichzeitig simpel, schmerzhaft und oft etwas surrealistisch sind. Beispielsweise kann der Patient im selben Augenblick den Wunsch hegen, zu leben und zu sterben, zu lieben und zu töten, zu vertrauen und zu mißtrauen, alles zu verändern und nichts zu verändern. So werde ich jetzt eine weitere Karikatur vor Ihren Augen entstehen lassen, diesmal einem karikaturistischen Film ähnlich, einem surrealistischen Theaterstück von Samuel Beckett. Der Vorhang geht auf. Wir sehen zwei Torten, einen Meter voneinander entfernt. Die Torten sind so beleuchtet, daß jeweils nur ein einziges Stück von ihnen sichtbar ist. Da sind sie. [Stephen Schoen hält zwei bunte Stücke aus Pappmaché in die Höhe, die die Torten darstellen.] Ich habe jetzt in dieser Hand eine vollkommen runde Torte – rund wie Uroborus, die Schlange, die ihren eigenen Schwanz im Rachen hat, das Symbol der Alchimisten für das Unendliche: bloß daß, wie Sie bemerken, der größte Teil der Rundung nicht sichtbar ist. Wie Sie sehen ist eines der Stücke größer und dem anderen zugewandt, das zur Seite blickt, über Sie alle hinweg. Oh, Sie können dieses »Zugewandtsein« und »Zur-Seite-Schauen« deutlich verfolgen, denn eigentlich – an meinen Requisiten fehlt hier etwas – trägt jedes dieser Tortenstücke einen menschlichen Kopf, der mit dem anderen spricht. Sie können sich diese Tortenstücke als eine Art Halskrause unter den Köpfen vorstellen, wie man sie in der Renaissance trug. Das größere Tortenstück ist der Therapeut, das kleinere der Patient, der von den Ihnen unsichtbaren Teilen hin und hergezerrt wird, so daß er wegschaut. Die unsichtbaren, bzw. nicht beleuchteten Teile sind also verdrängt, nicht nur unbewußt. Sie enthalten auch unentwikkelte Möglichkeiten. Positiv betrachtet erstreckt sich das Unbewußte bis tief in das Zentrum des hier Sichtbaren hinein; es sind die Tiefen, die man an sich selbst akzeptiert, und es ist sozusagen unser Leitstern. Ach, noch etwas zu den Farben: Hier etwas, was »bitteren Früchten« ähneln soll – *dieser* Teil der Torte ist das sicher – deswegen das Lehmgelb und das depressive Grau. Für den Therapeuten eine Andeutung von fester, aber nicht massiver Struktur, sagen wir: Limone und Orange. Deswegen erdfarben, grasgrün, orange. Ich zitiere Ihnen jetzt ein Bruchstück aus ihrem ersten Gespräch mit den dazugehörigen Bewegungen. Mein eigener Kopf wird für beide herhalten müssen.

Patient: Ich weiß nicht, ob ich mit Ihnen reden kann.

Therapeut: Ich auch nicht.

Patient: Na, das fängt ja gut an! [Wendet sich kurz dem Therapeuten zu]. Wenigstens haben Sie keinen Bart! [Wendet sich ab. Stille] Na, ist das jetzt nicht eine Frage wert? Über mich und Bärte? Oder über mich und Sie?

Therapeut: [laut] Heute nicht.

Patient: Was soll das heißen?

Therapeut: Ich antworte Ihnen. Wie Sie bemerkt haben, trage ich *heute* keinen Bart.

Patient: Ich kann Witze nicht ausstehen.

Therapeut: Ich weiß, wir haben noch keine Verbindung.

Patient: Etwas wissen Sie immerhin. [Wendet sich halb dem Therapeuten zu, dann ab.] Ihr Sprechzimmer ist ja ganz schön protzig. [Oder:] Ihr Sprechzimmer ist wie eine Gefängniszelle. Sie sind zu alt. [Oder:] Sie sind mir zu salopp. [Pause] In jedem Fall gehören Sie zum falschen Geschlecht! [Stichelnd:] Bei dem Gespräch kommt ja nichts raus, das ist ja, als drehte man sich im Kreis herum. [Die Patiententorte umkreist jetzt die Therapeutentorte, die sich auch langsam dreht, um den Patienten anzuschauen. Die Patiententorte schlängelt sich langsam über die Bühne und schlägt ihren eigenen Kreis. Die Therapeutentorte folgt.]

Therapeut: [im besten Therapeutenton] Haben Sie nicht auch das Gefühl, daß Ihnen jemand folgt?

Patient: Sie sind ja verrückt, aber das ist Ihre Sache. [Pause] Ich habe immer wieder solchen Ärger.

Therapeut: Offensichtlich glaube ich, daß Sie den Ärger wert sind.

Patient: [rasch] Sagen Sie das nicht!

Therapeut: Warum nicht?

Patient: Bisher waren Sie doch ehrlich. Aber das hat mir noch keiner gesagt und es gemeint.

Therapeut: Das ist traurig.

Patient: [wendet sich dem Therapeuten zu] Ist es auch. [Wendet sich halb ab.]

Therapeut: Ist Ihnen so etwas eigentlich schon mal aufgefallen: Sorgen erfüllen uns, dann, egal wie groß sie sind, verringern sie sich nach einer Weile wieder, dann wachsen sie wieder an. Das hat einen Rhythmus, wie das Atmen. Kennen Sie das amerikanische Spiritual: »Nobody knows the troubles I've seen«? Auch hier haben wir diesen Rhythmus von Steigen und Sinken. Es ist alles so natürlich wie das Atmen.

Patient: Das ist interessant.

Therapeut: Ich weiß nicht; vielleicht könnten wir jetzt ein bißchen darüber reden?

Patient: Vielleicht. [Die Tortenstücke sind jetzt einander zugewandt. Wie Sie sehen, hat sich das kleinere Stück dem größeren genähert. Dieser Teil des Gesprächs endet hier.]

Ich weiß, daß ich diese Szene so entworfen habe, als spräche ein jugendlicher Straffälliger; und das Fehlen des Körpers und die düsteren Farben werden weder der Frau noch dem

Mann gerecht, die zum ersten Mal in ihrer ganzen verführerischen Pracht narzißtisch ins Sprechzimmer treten. Aber betrachten Sie die Szene als eine Vignette des Mißtrauens oder des Testens auf Vertrauen hin, das zu so vielen ersten Begegnungen gehört, auch wenn sie mehr den Charakter eines Bekenntnisses haben und höflicher verlaufen. Die Vignette kann auch mehrere Stunden Dialog komprimieren, die ich in den entscheidenden therapeutischen Muster zusammengefaßt habe. Der Therapeut folgt ganz buchstäblich (physisch) dem Patienten und dessen Sprache voller Negationen (»Ich weiß nicht«; »Ich weiß, wir haben noch keine Verbindung«; »Nobody knows the troubles I've seen«). Dies ist im Einklang mit der Mahnung des alten chinesischen Weisen Lao Tse zur Tugend des Nachgebens, wenn Standpunkte strittig sind. Aber in jedem Fall verwandelt das Nachgeben des Therapeuten die Verneinungen durch seinen Humor, durch seine Unterstützung und in einem Falle durch einen ausdrücklich positiven Rahmen: »Sorgen« werden vorsichtig neu formuliert mit dem Bild des natürlichen Atmungsvorgangs. Und wenn der Therapeut zum Thema »unechte Unterstützung« sagt: »Das ist traurig«, dann sind seine Worte das Zeugnis ablegende Echo auf die Worte des Patienten, das diesen dazu bringt, sich dem Therapeuten zuzuwenden. Es ist die Verbindung des *Ich-Du* im Sinne Bubers, die mir persönlich sehr zusagt.

Natürlich gibt es keine Therapie, wenn das Mißtrauen zu groß ist. Dieses Mißtrauen kann auch auf Seiten des Therapeuten liegen, so daß er oder sie sich vom Patienten abwendet. Beispielsweise, wenn der Patient zu sehr von Zorn erfüllt ist und der Therapeut zu sehr davon abhängig, geliebt zu werden. Ist der Therapeut »groß genug«, wendet er oder sie sich nie ab. Aber das möchte ich nicht überbetonen.

Mein Patient und mein Therapeut haben begonnen, miteinander zu sprechen, aber vor allem haben sie angefangen, einander über alle Worte hinaus Gegenwart zu sein. Und natürlich geht es gut zwischen ihnen, wenn die beiden mühelos miteinander übereinstimmen und sich gegenseitig unterstützen. Aber der Angelpunkt der Therapie ist der Größenunterschied zwischen den beiden Tortenstücken, der es dem Therapeuten gestattet, direkt die Grenzgebiete des Patienten und die unbeleuchteten Gebiete jenseits der Grenzen anzusprechen, kurz, der Seele treu zu bleiben und dabei hinauszugehen über die Disloyalität, die der Patient ihr entgegenbringt. (»Angst«, hat Kierkegaard einmal gesagt, »ist der Schwindel der freien Seele«.) Sie erinnern sich, daß diese Grenze zugleich das Schrumpfen der Seele ist, das sie vor dem Schwindelgefühl schützen soll; stattdessen leidet sie nun unter dem Schwindelgefühl des Eingeschlossenseins – neuer Angst und anderen Heimsuchungen, die die Therapie nötig machen. So müssen Sie sich jetzt die Verbindung zwischen den beiden vorstellen wie Laserstrahlen, die zwischen den äußeren Bereichen des Tortenstücks Therapeut einerseits und der tatsächlichen Grenze des Tortenstücks Patient und den außerhalb gelegenen Bereichen hin und herzucken. Die Botschaft des Therapeuten an die Ränder des Tortenstücks und darüber hinaus ist: »Nimm dir Zeit. Nimm dich selbst wahr: deine Träume, die Gedanken, die dir durch den Kopf gehen, Fragen über mich, was du unabsichtlich sagst, und was du bewußt nicht sagst. Geh‹ über keine Reaktion hinweg; gerade, wenn du meinst, das tun zu müssen, schaffst du diese Grenze.« Außerdem wird diese Grenze direkt in Frage gestellt. Die allgemeine Formulierung dieses In-Frage-Stellens ist: »*Wer sagt das?*« Zum Beispiel: »Dein Vater oder deine Mutter haben dir nie vertraut oder dich geachtet. *Wer sagt,* daß du beweisen mußt, daß sie recht hatten, und daß du dein Leben zerstören oder einengen mußt? Und *wer sagt* denn, daß du ihre Änderung nötig hast? Ich freue mich darüber, daß du dich bei mir sicher und gut versorgt fühlst, aber insgesamt lebst du damit in einer sehr kleinen Oase, wenn du gleichzeitig deinen Mann haßt oder deine Frau oder deine Arbeit. *Wer sagt*, daß du nicht das fordern kannst, was du möchtest? *Wer sagt*, daß du Wünsche oder Zorn oder Enttäuschung oder Verlust oder Reue oder Furcht oder Einsamkeit nicht aushältst? Vielleicht bist du dünnhäutig. *Wer sagt*, daß eine dünne Haut nicht stark sein kann? *Wer sagt*, daß du so leicht bluten würdest, oder daß du, wenn du es tatsächlich tätest, nicht einen guten Gerinnungsfaktor hättest, der das Bluten stoppte? *Wer sagt*, du wärest nicht das Salz der Erde? Du machst mir genug Freude, mich glauben zu machen, du seist es – und auch genug Schwierigkeiten.«

Unter diesem Einfluß, eines stetigen, sanften Beharrens, bei dem es sich je nach Temperament des Therapeuten um ein leiseres oder lauteres Trommeln handelt, wird mit der Zeit (wie lange, das kann ich nicht sagen, aber eine gute Formulierung des Vertrags ist: »In der kürzestmöglichen Zeit«), das Tortenstück breiter. – Siehe da! [Der Vortragende wechselt jetzt das Tortenstück des Patienten] – Die Farben werden strahlender. Nicht wahr? Das innere Kind, das nie stolz oder stolz genug gewesen ist, heißt den neuen Glauben an seinen Stolz willkommen und wird mutiger. Die Freiheit ist jetzt weniger schwindelerregend, hat festeren Grund; die Angst ist zurückgedrängt worden. Die sich vergrößernde Seele hat einen Zeugen. Jetzt erklingen von den breiter gewordenen Seiten des Stücks eine ganze Reihe von Reaktionen. Ich werde Ihnen ein Potpourri unterschiedlicher Stimmen mit ganz einfachen Aussagen vorspielen, aber auch einer Innenwelt, die sich verändert hat.

»Ich wollte nie zugeben, daß ich jemandem wehtun könnte. Aber es ist so. Ich *habe* ihr wehgetan, weil ich mit ihr Schluß gemacht habe. Endlich habe ich ihr gesagt, daß es mir klar geworden ist und daß es mir leid tut.« Eine andere Stimme: »Als ich dieses Mal meinem Chef gesagt habe, daß er im Unrecht sei, habe ich's einfach so gesagt. Ich hatte keine

Angst. Deswegen habe ich ihn nicht angegriffen.« Noch eine Stimme: »Sie kennen mich und mein Mißtrauen. Also, ich habe meine halbwüchsige Tochter, die um Vertrauen kämpft, bis nach Mitternacht ausbleiben lassen. Es war *fast* leicht.« Diese Menschen beginnen, ihre uneingeschränkte Macht zu fühlen, das, was Lao Tse das *Te* nennt (dieser Begriff stammt aus dem Titel seines Buches *Tao Te King*: Der Weg und seine Macht).

Und jetzt erinnere ich mich ganz besonders an die Stimme eines jungen Mannes, der sich als Jugendlicher für psychotisch hielt, während seine gebildeten Eltern, die große Pläne für sein Lebensglück hatten, sich einredeten, daß er nur die üblichen Wachstumsschwierigkeiten durchmache. Auf seinen Wunsch hin saßen sie zusammen mit ihm in meinem Sprechzimmer, als sie ihn nach Jahren aus der fernen Heimat wieder einmal besuchten. Sie waren bereit, ihm zu helfen, so gut sie konnten, obwohl sie eigentlich immer noch glauben wollten, daß jene lange zurückliegenden Schwierigkeiten früherer Zeiten gänzlich vorbei seien. Aber nein! Er begann zu zittern und sagte: »Ich möchte, daß ihr jetzt dabei seid, Zeugen dafür, wie ich gelitten habe und wie verwirrt ich war, und wie ich innerlich die ganze Zeit gezittert habe und völlig stumm war in meiner Verwirrung und meinem Aufruhr. Keiner wollte das damals hören, keiner von euch beiden, und ich konnte es damals nicht sagen oder selber glauben. Aber jetzt muß es dafür Zeugen geben. Ich möchte, daß es dafür Zeugen gibt.« Sie hörten und begriffen ihn. Und ihre Beziehung öffnete sich.

Nun, und was geschieht jetzt in der vergrößerten Seele des Patienten? Sie vertieft sich. Sie erschauert. Ihr lokalisierter und sich auf sich selbst beziehender Teil, das Ich, besteht weiter, aber die Seele beginnt, über sich selbst hinauszugreifen, ihre eigene Absonderung zu durchbrechen. Und jetzt müssen Sie sich etwas vorstellen, denn mir fehlen die Requisiten, diese Verwandlung darzustellen. Etwas Bemerkenswertes geschieht mit dem Tortenstück. Seine Umgrenzung fällt ab wie die Seiten eines Schals. Der Kopf hebt sich. Aus dem Unsichtbaren erscheinen Hals, Körper, Gliedmaßen, und eine geschmeidige Menschengestalt bewegt sich frei über die Bühne. Das gleiche geschieht mit dem Therapeuten, allerdings rückt er oder sie in den Hintergrund; denn das Licht konzentriert sich auf den Patienten, der wie aus einem eigenen geheimnisvollen Mittelpunkt heraus eine neue Identität entdeckt, die sich über alle Teile seines Wesens erstreckt und der noch nicht einmal feststellen kann, wo das Wesen endet oder die Umwelt beginnt. Das ist, was Krishnamurti die Einheit von Beobachter und Beobachtetem nennt. Es ist das, was bei Gregory Bateson das »Selbst« heißt (dies sind seine Worte), das »Selbst, das eine Art Unwichtigkeit bekommen hat ... [denn] persönliche Identität verschmilzt mit allen Beziehungsprozessen«. Und jetzt spricht die Gestalt auf unserer Bühne. Ich werde ihr wieder verschiedene Stimmen geben, aber jetzt sind es Stimmen, die uns wohlbekannt sind, beispielhaft durch ihre Leidenschaft und ihr Mitleid und durch eine Art der Verbindung mit anderen, in der das Andere untrennbar von mir ist. »Die Farben hier sind exquisit!« Hier schreibt van Gogh über Arles. »Wenn das grüne Laub frisch ist, ist es von üppigem Grün, wie wir es im Norden kaum je sehen ... verbrannt und staubig bekommt die Landschaft Goldtöne, Grün-gold, Gelb-gold, Rosig-gold und ebenso Bronze ... [und natürlich] ruft das Orange hervor ... ein sonnenverbranntes Gesicht wirkt orange.« Was ist hier der Sehende, was das Gesehene? Mutter Teresa spricht zu ihren Schülerinnen in Kalkutta über die Sorge für die Armen. »Es wäre falsch,« sagt sie, »nur unsere Heilmittel zu geben; wir müssen allen unsere Herzen geben.« Wessen Herz ist dann nicht auch mein Herz? Oder eine weitere Stimme: Gandhi blickt fest in die Augen eines jungen Mannes, der gedungen wurde, ihn zu ermorden, und der im letzten Augenblick voller Entsetzen sein Messer fallen ließ, und der alte Mann stößt hervor: »Mein lieber Junge! Nachdem du jetzt bei deinem Auftrag versagt hast, was wird aus dir werden?« Hier ist die Seele grenzenlos.

All dies ist jedoch weit entfernt von der Sicherheit eines stetigen Lebens. Diese Mächte fordern Gefahren heraus: Große Verneinungen bewegen sich wie Raubfische tief in den Wassern der sich brechenden Wellen. Sie wissen, van Gogh starb durch Selbstmord, Gandhi schließlich doch durch Mord.

Aber es ist mir bewußt, daß ich meinen Patienten auf der Bühne habe stehenlassen — mit einem Gefühl großer Fülle, voll an Leib und Seele, aber allein. So wollen wir als abschließende Szene den Therapeuten wieder nach vorne kommen lassen, und die beiden fassen sich an den Händen und verneigen sich voreinander. Und jetzt folgt eine letzte Handlung des Therapeuten. Er oder sie vollzieht, wie es der Seele gebührt, ein Sakrament, und zwar das Sakrament der Ehe. Brauche ich also etwas Festliches und einen Bräutigam oder eine Braut? Nein. Das alles kann es geben. Aber im wesentlichen sind dies die Hochzeitsfeierlichkeiten für eine Verbindung von der Art, wie ich sie eben zitiert habe, zwischen dem Innen und dem Außen, verbunden mit aller Möglichkeit des Entzückens und allem Bedürfnis nach Geduld. Und so beginnen sie, wie es uns vertraut ist, sich zu geloben: »Ich nehme dich — mein Gefährte, meine Welt, mein Schicksal — als meinen angetrauten Ehegatten,« (aber jetzt gehen die bekannten Worte etwas anders weiter:) »mich zu erfreuen und zu verärgern, mich zu verstehen und mißzuverstehen, mich sein zu lassen und mich zu behelligen und mich zu unterschätzen, fordernd und unvernünftig zu sein, selbstbezogen und selbstherrlich, unnachgiebig und rechthaberisch und stolz. Ich nehme dich in allem an, dich zu achten und zu ehren, solange ich lebe.«

BUBERS *ICH-DU* UND DIE *ÜBERTRAGUNG* IN DER PSYCHOTHERAPIE

Ihr habt mich heute oft über den Kontakt zwischen dem Therapeuten und dem Klienten sprechen hören. Ich möchte nun ein wenig über die *spirituelle Dimension* dieses Kontaktes reden, das *Ich-Du*, wie Martin Buber es beschreibt und wie der Psychotherapeut, vielleicht besonders aus der Perspektive der Gestalttherapie, es anwendet. Und bitte, laßt mich gleich am Anfang sagen: Sollte euch diese religiöse Wortwahl überraschen, habt Geduld mit mir! Wie Monsieur Jourdain in Molières Theaterstück, der sehr verwundert feststellte, daß er sein Leben lang »Prosa geredet« hatte, könnte es für euch Therapeuten verblüffend sein zu erkennen, daß ihr *immer etwas Spirituelles tut*. Ich möchte euch vermitteln, daß dies so ist, und wenn euch die Sprache nicht paßt, könnt ihr Bubers Worte vielleicht auf eure eigene Weise verstehen.

Was Buber mit dem *Ich-Du* heraushebt, ist die *Tiefe des Kontaktes im gegenwärtigen Augenblick*: ein Moment der Zeitlosigkeit, eine Tiefe ohne Einschränkung; ein Kontakt, der unsere täglichen Gespräche erleuchtet und noch darüber hinausgeht, gerade so, wie diese Gegenstände hier im Raum existieren, aber der Raum sich unendlich um sie erweitert. Wie aber soll man das *Ich* oder das *Du* in diesem Zustand der Grenzenlosigkeit definieren? Gerade das ist Bubers Punkt. Man kann es nicht erklären, nicht weil es nicht konkret oder wirklich wäre, sondern weil es *für Worte zu wirklich* ist. Bubers urbildliches Beispiel ist der Moment der Verbindung zwischen einer glücklichen Mutter und ihrem Baby (und vielleicht beinhaltet *Ich-Du* die typisch *weibliche* Betonung der Wahrheit von Beziehung). Nun beruht unsere Reife – selbstverständlich im gleichen Maße bei Männern und bei Frauen

– auf Ego-Stabilität, persönlichen Grenzen usw. Die glückliche Mutter selbst besitzt solche Eigenschaften, und dem Baby sind sie angeboren oder es beginnt sehr schnell, sie zu übernehmen (das ist nach wie vor ein faszinierendes Kapitel in der Kindheitsforschung). Aber die beiden Formen sind immer unterschiedlich: In der begrenzten *Ich-Es*-Form, wie Buber sie nennt, haben wir einen Namen, mit dem wir uns identifizieren, einen gesellschaftlichen Rang, eine berufliche Laufbahn usw. In diesem Modus beherrschen und bewältigen wir die Außenwelt so geschickt wie möglich; wir stehen sozusagen am flachen Ende des Sees der menschlichen Beziehungen und spüren den *Grund unter den Füßen*. Das *Ich-Du* andererseits liegt in der Tiefe der Mitte des Sees, wo die Verbindung mit einem anderen Menschen ein spontaner, fortwährender Fluß von Ereignissen ist, ohne gefühlte Grenzen. Selbstverständlich umfassen wir den ganzen See, das Flache und das Tiefe. Um seinen spirituellen Standpunkt klarzumachen, beschreibt Buber Gott als grundlose Tiefe. Gott ist, wie er sagt, »das ewige *Du*, das seinem Wesen nach nicht *Es* werden kann«.

Die Theologen könnten Einwände erheben gegen diesen Gott, der ausschließlich durch seine Beziehung zum Menschen definiert ist. Aber in den menschlichen Beziehungen können wir selbst die Tiefe der Verbindung sehen, auf die Buber hinweist, jene Tiefe, die der englische Schriftsteller E. M. Forster wohl im Sinn hatte, als er in seinem berühmten Plädoyer für die Menschlichkeit ausrief: »Verbündet Euch«. Und es ist gerade diese Tiefe, die es uns als Therapeuten erlaubt, ohne Abhängigkeit von einem theologischen Dogma die Grundlage unserer Arbeit als *spirituell* zu verstehen.

Nun, ich behaupte hier sehr viel. Ich möchte zunächst eine Definition des psychologisch Normalen versuchen.

Erstens: wir sind normal, wenn das *Ich-Du* ein Teil unserer täglichen Beziehungen ist. Zweitens: wie ich schon angedeutet habe, findet Therapie von Anfang bis Ende in der Tiefe der Beziehung statt. Und drittens entstammen all die Übertragungsprobleme der Psychotherapie, das heißt die begrenzenden und verzerrenden Konditionierungen, unter denen der Klient leidet und die in der Therapie auftauchen, einem Verlust des *Ich-Du*. Wir haben schon viel zu viel als ein *Es*, als manipuliertes Objekt gefühlt. In der Übertragung liegt eine Botschaft über diesen Verlust; sie erzählt daher von der Sehnsucht des Klienten, das *Ich-Du* wiederzuerlangen.

«Moment mal!« höre ich jemanden einwenden. »Sagst du etwa, wenn man einen Klienten in einer mütterlich warmen, liebevollen Art behandelt, ist die Therapie plötzlich vorüber? Aber das ist völlig absurd! Mißtrauen, Gefühlskälte, übermäßige Wut oder Abhängigkeit – ganz zu schweigen vom übrigen Leben des Klienten – füllen die Sprechzimmer für Monate, vielleicht sogar für Jahre. Diese begrenzenden Konditionierungen, von denen du sprichst, haben eine sehr fixierende Qualität. Sie vernichten liebevolle Sorge. Vielleicht möchten Klienten geliebt werden, aber manchmal widersetzen sie sich dieser Liebe auch oder weisen sie ausdrücklich zurück. Und was ist mit all den seelenlosen Egoisten, dem brutalen Pöbel, und was mit Dostojewskis Kellerloch-Mann und dessen sarkastischer Ablehnung des eigenen Vorteils und seinem perversen Vergnügen am freien Willen – selbst, wenn das für ihn einer Selbstzerstörung gleichkommt? Seine Trümmer wird er genießen als Zeichen seiner Freiheit. Nun denn, alles das ist viel mehr Realität, als der fortwährende Wunsch, *Du* zu sein.«

Eure Einwände sind berechtigt.

Ich erinnere mich an eine Episode im Leben eines Kollegen, die euren Standpunkt bestätigt. Vor Jahren war dieser Mann sehr deprimiert gewesen, und in seiner Verzweiflung rief er den berühmten Hypnotherapeuten Milton Erickson an, der weit weg wohnte und den er flüchtig kannte. Er platzte am Telefon heraus: »Ich bin in einer tiefen Depression. Können Sie mir helfen?« Dr. Erickson, der therapeutisch schwierige Situationen stets intuitiv und schnell einzuschätzen wußte, erwiderte: »Machen Sie erst einmal einen kleinen Spaziergang und rufen Sie mich dann zurück.« In Erinnerung an diese Geschichte sagte mein Kollege später zu mir: »Ich weiß, ich gab Erickson eine schwere Aufgabe. Aber was für eine dumme Antwort! Wäre ich imstande gewesen, spazieren zu gehen, hätte ich ihn nicht angerufen. Selbstverständlich rief ich ihn nicht zurück.« Ich sagte nichts, verstand aber die Geschichte völlig anders. Ericksons Worte waren eine Art diagnostischer Test der Beziehung. Sie vermittelten folgende Botschaft: »Es war *Ihre Idee*, mich anzurufen, das zeigt etwas Vertrauen. Können Sie sich *mir weiter anvertrauen*, und *meiner Idee folgen*? Können Sie sich mir als *Du* öffnen? Wenn nicht, hat es gar keinen Sinn, daß wir weitermachen.« Und es hatte keinen. Mein Kollege ist ein ziemlich eigensinniger Mensch; die empfängliche, nachgiebige Reaktion des *Du* existiert in seinem Wesen nur als Spur. Er behandelte seine Depression später erfolgreich mit Medikamenten.

Es geht mir hier darum, die Übertragung zu veranschaulichen, die dem *Ich-Du* eindeutig im Wege steht und sich ausdrückt in der Notwendigkeit, den anderen herabzusetzen (obwohl die Frage über die biochemische Natur der Depression hier natürlich auch aufkommt). Aber meiner eigenen Erfahrung nach kann die Übertragung, die die Therapie sozusagen zum Stillstand bringt, auch einer anderen Quelle entspringen, nämlich der Gegenübertragung des Therapeuten.

Ich erinnere mich an eine etablierte Psychotherapeutin, die mich wegen ihrer Eheprobleme aufsuchte. Ich war ihr empfohlen worden, weil sie jemanden außerhalb ihres eigenen beruflichen Umfeldes suchte. Ich wußte um ihren Ruf: sie war eine sehr disziplinierte Frau, die sich in ihrer eigenen Praxis streng an die 50-Minuten-Stunde hielt, die erwartete, bezahlt zu werden, wenn ein Klient mehr als zwei Termine pro Jahr verpaßte – ganz gleich aus welchem Grund – usw. Nun, unsere Arbeit begann recht gut. Sie erzählte mir von ihrem depressiven Mann und ihrem allgemeinen Mißtrauen Männern gegenüber, das zum Vermächtnis ihres gefühlsarmen Vaters gehörte. Am Ende unserer zweiten Sitzung zeigte ich ihr in der mir eigenen, zwanglosen Art einige Fotos von den atemberaubenden Bergsteigekünsten meines Sohnes. Zu Beginn unserer vierten Stunde erzählte ich ihr von der Broschüre meines bevorstehenden Buches, die ich gerade erhalten hatte. Beim sechsten Treffen gab ich ihr einen meiner eigenen Artikel über die Ehe, weil ich dachte, er könnte hilfreich für sie sein. Diese letzte Geste aber war zuviel! Sie erschien zum siebten und letzten Mal und erklärte, »Ihr Ansatz ist nicht nur freundlich, er ist schlampig! Am Anfang war ich bereit, mich Ihnen zu öffnen. Doch was hat all das Persönliche zu bedeuten: die Bilder Ihres Sohnes, Ihr eigener Artikel, sind Sie so narzißtisch? Ich könnte mich Ihnen nie anvertrauen.« Sie sprach mit unwiderlegbarer Überzeugung, und ich bin sicher, daß sie recht hatte. Mein Stil war ihr zu selbstbetont und erweckte ihr Mißtrauen gegen Männer. Was sie brauchte, war ungeteilte Aufmerksamkeit für sich selbst, während meine eigene Freude daran, geliebt zu werden, jedem offensichtlich ist, der mich nur fünf Minuten kennt. Ohne mein vollständiges Eingehen auf ihre Bedürfnisse hätten wir das *Ich-Du* nicht aufrechterhalten können, und das wiederum konnte ich ohne den Verlust meiner Spontaneität nicht leisten.

Ich will hiermit keineswegs unterstellen, daß der Wunsch des Therapeuten, geliebt zu werden, zum Gegenübertragungsproblem *werden muß.* Im Modus des *Ich-Du* selbst spielt die Freude daran, geliebt zu werden, eine Rolle. Aber wenn Druck oder Forderungen entstehen, oder wir dem anderen gegenüber gefühllos werden, schwindet das *Ich-Du* dahin, und genau das empfand diese Frau bei mir. Die Begebenheiten zwischen uns schildern die rasche Entwicklung einer völlig negativen Übertragung.

Ein subtileres Problem ist eine positive, *idealisierende* Übertragung, die der Therapeut zuläßt und nicht anfechtet. Ich kannte einen sehr intelligenten Mann Anfang dreißig, der einem verantwortungsvollen Beruf im Steuerbereich nachging. Paul war überaus freundlich und entgegenkommend (einmal sagte er sehr rührend über sich selbst: »Eine Maske ist auf mein Gesicht geklebt«). Aber meistens verwickelte er sich in langatmige und trockene Formulierungen über sich selbst. Er war emotional verhalten, abhängig von seinem tyrannischen Vater und seiner überbesorgten Mutter und isoliert von Frauen, obwohl er sich nach einer engen Beziehung sehnte. Seine Therapie dauerte sieben Jahre, und langsam wurde er unabhängiger, selbstbewußter und unternehmungslustiger. Er begann, seinen Vater zu kritisieren, der darauf verletzt reagierte, aber (zu Pauls großer Erleichterung) den Kontakt mit ihm nicht verlieren wollte. In seiner Firma bat er um eine längst überfällige Gehaltserhöhung und bekam sie. Er fing an, mit den Frauen in seinem Büro zu flirten, obwohl ihm keine richtig gefiel. Während all dieser Jahre empfand Paul mich als fehlerlos. Und wenn ich auch mit ihm darüber witzelte, empfand ich die Freude an seiner Bewunderung für mich wie das verführerische Lied der Loreley. Ich dachte: »Ich werde dieses Lied bald unterbrechen.« Nun, dieses »bald« kam nie. Paul begann – zum ersten Mal – bei mir Schulden zu machen. Als ich ihn eines Tages darauf ansprach und ihm sagte, daß ich einen genauen Abzahlungsplan brauche und daß mein Einkommen mir ebenso wichtig sei wie ihm das seine, verließ er peinlich berührt aber freundlich meine Praxis und beabsichtigte, in der nächsten Woche wiederzukommen. Ich sah ihn nie wieder. Einige Tage später schickte er mir das Geld, begleitet von einem wütenden Brief.

Er fühle sich »sehr erniedrigt«, schrieb er, weil er das Geld von seiner Mutter habe leihen müssen. Und ich, ich hatte es »unglaublicherweise« gewagt, meine Einkommensbedürfnisse mit den seinen zu vergleichen. Er hatte ein Vermögen ausgegeben für das, was er »Deine Therapie, Stephen«, nannte (es war nicht »seine«). Von jetzt an würde er sein Leben allein meistern.

Nun, die Therapie hatte bei ihm bestimmt eine große Veränderung bewirkt, und dieses Ende – in einem Sturm jugendlicher Rebellion wurde seine Maske sozusagen vom Gesicht gerissen – war ein Teil dieses Erfolges. Aber das *Ich-Du* war zwischen uns zerstört. Natürlich kann man nun fragen: Wie sehr wollte er das denn wirklich? In der Tat hatte Pauls Idealisierung von mir verhindert, daß er mich wirklich annahm. Statt dessen war ich der verständnisvolle, einsichtige Zuhörer seiner Monologe, der erfahrene Interpret seiner Konflikte, das Modell seiner Sehnsüchte: offen im Ausdruck, frei von Autoritäten, sicher mit Frauen. Als ich aber in einer für ihn schwierigen Situation meine eigenen Wünsche äußerte, war er empört. Ich für meinen Teil *ließ es zu*, daß er in mir ein Muster der Vollkommenheit sah; dieses Muster wurde in der Therapie nicht zum Thema. Und so verwandelte sich der »engelhaft gute Vater«, der ich gewesen war, durch einen einmal gemachten Fehler in den »teuflisch schlechten Vater« seiner Vergangenheit. Er lehnte jeglichen weiteren Kontakt mit mir ab, ganz gleich ob per Telefon oder Brief. Ich fühlte mich aus seinem Leben ausradiert. Ich habe mich noch nicht völlig von dieser erschreckendsten Ablehnung meiner Laufbahn erholt. (Nebenbei bemerkt: inzwischen habe ich mich erholt. Das Schreiben dieses Aufsatzes war sehr hilfreich.)

An welchem Punkt erscheint das *Ich-Du* in der therapeutischen Beziehung? Am Anfang ist es da, aber dann verwickelt es sich in den Übertragungen des Klienten oder des Therapeuten, mit all dem einengenden Druck auf den Kontakt, der daraus entsteht: dem Verlangen nach Aufmerksamkeit oder der Angst davor, der Vermeidung von Ärger, dem Anstreben von totaler Unabhängigkeit, den Perfektionsansprüchen an sich selbst und andere usw.

Für eine erfolgreiche Therapie ist es nötig, daß der Therapeut freier von Blockierungen ist als der Klient, daß die Fähigkeit des Therapeuten zur Selbstakzeptanz, die dem *Du* zugrunde liegt, den Klienten zu dessen Selbstakzeptanz führt. Denn schließlich soll das *Ich-Du* den Klienten nicht nur darin unterstützen, dem Therapeuten gegenüber zum *Du* werden zu können, sondern auch sich selbst als *Du* zu erfahren und ihn dadurch befähigen, auch andere als *Du* anzunehmen.

Solcherart, davon bin ich überzeugt, sind die Früchte der Therapie. Und wenn ich einen schwierigen und ausgedehnten Behandlungsverlauf betrachte, den mit Mark, der seit 17 Jahren andauert, dann sind dies die Veränderungen, die ich sehe. (Solltet ihr euch darüber wundern, was für ein Gestalttherapeut ich bin: nun, 17 Jahre sind einmalig für mich. Mit den sieben Jahren, die Paul bei mir in Behandlung war, ist er schon eine Ausnahme. Das ist fast das Doppelte der normalen Langzeitbehandlung in meiner Praxis. Aber Klienten haben unterschiedliche Bedürfnisse.)

Dieser Klient, Mark, bezahlte mich zunächst von der Sozialhilfe, von der er lebte und beschwerte sich, daß er überhaupt etwas bezahlen mußte. Er war mürrisch und fast nur mit sich selbst beschäftigt. Kurz zuvor hatte er sechs Monate in einem Krankenhaus verbracht und galt als in sich selbst zurückgezogener Schizophrener. Sein Gefühl sagte ihm, daß er und ich »unwirklich und unglaubhaft« waren: ich würde ihm nicht die Wahrheit sagen, sondern lediglich das, »was ein Therapeut sagen sollte«. Mit seinen 24 Jahren war er sehr einsam, hatte keine Ahnung, wer er war, warum er zu mir kam, oder weshalb er eigentlich weiterleben sollte (er sagte das eher mit Verwirrung als aus Depression). Aber während unseres ersten Treffens 1977 nahm er eine Bemerkung von mir auf, ein einfaches Wortspiel mit seinem Namen Mark. Ich sagte: »Ich denke, du möchtest der Welt deinen Stempel aufdrükken« (to put your mark on the world). Im folgenden Jahr, nachdem ich ihn immer wieder in seiner inneren Stärke ermutigt hatte, bekam er eine Teilzeitarbeit als Elektrikerlehrling und begann, etwas Geld von seiner Unterstützung zu sparen. Später, als er merkte, daß sein Einkommen sich stabilisierte, gab er die Sozialhilfe ganz auf. Noch etwas später machte er sich als Elektriker selbständig. Er begann, als Volontär für das Selbstmord-Hilfezentrum in San Francisco zu arbeiten (ein Telefondienst für Menschen in Not) und nach ein paar Jahren wurde er Ausbilder für neue Volontäre. Er interessierte sich fürs Tanzen, trat einer Gruppe bei und lernte Frauen kennen. Als er langfristige Verbindungen knüpfte, wurde er Frauen gegenüber sehr kritisch, war selbst aber leicht verletzt, wenn an ihm Kritik geübt wurde. Wenn er verletzt war, rechnete er auf meine Unterstützung, wenn er sich mißverstanden fühlte, auf mein Verständnis; und meine wiederholte Feststellung, daß er sich der Realität des anderen nicht bewußt sei, erweckte schließlich seine Neugierde.

Er: Ich halte das nicht aus! Sharon besteht immer darauf, daß sie recht hat. Wie ich.

Ich: Du wolltest recht haben, um geliebt zu werden. Waren deine Eltern nicht der Meinung, alle wertvollen Menschen gewännen Nobelpreise?

Er: Ja, genau. Deshalb war ich ein Nichts. Du glaubst also, Sharon möchte nur geliebt werden?

Ich: Klar.

Er: Du könntest dich irren.

Ich: Es ist nur eine Vermutung.

Er: Ich glaube, sie möchte recht haben, eben nur so. Selbst wenn ich ihr *beweise*, daß sie unrecht hat.

Ich: Ich wette, sie fühlt sich dann besonders verletzt.

Er: Sie sagt, sie fühlt sich erniedrigt. [Er macht einen Moment Pause.] Aber du sagst dasselbe. Vielleicht ist es wahr.

Mark fand die Beziehung jedoch zu fordernd und machte auf eine möglichst freundliche Weise Schluß. In seinem neuen Verhältnis ist er recht zärtlich und rücksichtsvoll. Vor ein paar Wochen erzählte er mir: »Ich habe gerade etwas Geld geerbt, und ich möchte ein Haus ganz für mich alleine kaufen. Aber Alison geht gern mit mir Häuser anschauen, und das ist in Ordnung. Ich möchte ein Haus, in dem sie mit mir wohnen *könnte.* Es ist erstaunlich. Sie scheint zu akzeptieren, daß ich das Haus zunächst für mich allein haben möchte. Was mich noch mehr erstaunt ist: ich glaube ihr. Irgendwie fühle ich mich ihr gegenüber offen.« Er fügte hinzu: »Ich weiß selber nicht, wie es dazu kam. Ich bin anders geworden. Keine Sonnenscheinnatur zwar, ich bin immer noch auf der Schattenseite, aber das ist o.k. solange es mich nicht treibt.« Seine Gedanken wandten sich plötzlich uns beiden zu. »Du kennst mich am besten von allen.« »Bis jetzt,« antwortete ich. Die Veränderung, die ich an ihm wahrgenommen habe, geht sozusagen vom Schatten zur Substanz. Er ist jetzt entspannter und selbstbewußter. Er bezahlt mich pünktlich und ist bereit, die Zeit, die wir überziehen, zu bezahlen (gewöhnlich bestehe ich nicht darauf). An einem Tag im Juni hatte ich Rükkenprobleme, und da er an diesem Tag mein letzter Klient war, bot er mir seine Hilfe an. »Soll ich dich zum Auto begleiten?« fragte er. Ich nahm das gerne an, und es ist mir ganz natürlich geworden, ihn als *Du* zu erleben, was ich ihm mitteilte und was ihn sehr freute. Aber er ist sich selbst immer noch ein Rätsel und ich bezweifle, daß er sein Behandlungsziel heute besser beschreiben könnte als vor 17 Jahren. Doch er spürt, daß ich gut für ihn bin. Kurz vor meiner Abreise nach Europa sagte er lächelnd: »Ich lese dein Buch über Therapie um herauszufinden, was du machst.«

Nun werdet ihr fragen: »Stephen, du hast von der Tiefe des *Ich-Du* und seinem Platz in der Psychotherapie gesprochen. Und nach dem, wie du deine Arbeit beschreibst, scheinen solche Prozesse zu allen dynamischen Psychotherapien zu gehören. Vielleicht ist Gestalttherapie — was die therapeutische Beziehung angeht — da gar nichts Besonderes.«

Aber das ist sie; und ich möchte noch ein paar genauere Unterscheidungen treffen. Bitte habt noch etwas Geduld mit mir! Diese Punkte mögen recht abstrakt erscheinen, aber es geht hier um wirkliche Begegnungen und ihre Begrenztheit oder Grenzenlosigkeit. Zunächst einmal betrachte ich die Freudsche Psychoanalyse am Anfang dieses Jahrhunderts als sehr begrenzt, weil sie Subjekt und Objekt trennt; sie entspricht darin Bubers *Ich-Es.* Analytiker und Klient betrachten das abgeteilte Innenleben des Klienten mit dem Ziel, Einsicht zu erlangen. (Ich sage nicht, daß es in der Freudschen Arbeit kein *Ich-Du* gibt; tatsächlich ist es durch die *gleichschwebende Aufmerksamkeit* des Analytikers präsent, wenn auch in abgeschwächter Form.) Später, in den Vierzigerjahren, entwickelte der amerikanische Psychiater Harry Stack Sullivan das Konzept des *teilnehmenden Beobachters*; aus dieser Sicht ist der Therapeut weniger isoliert, aber immer noch der *abgesonderte Beobachter* des Klienten. Psychoanalytiker aus der Schule Kohuts sprechen von intersubjektiver Psychotherapie. Robert Stolorow und seine Kollegen sprechen von dem ständig sich verändernden intersubjektiven Feld. Wir nähern uns der Tiefe der Einheit in Bubers *Ich-Du*, sind aber noch nicht ganz da. Der Begriff *subjektiv* beinhaltet eine gewisse Bescheidenheit (letztlich kann ich nicht den Anspruch erheben, das, was außerhalb meiner selbst liegt, genau zu kennen) aber ihm fehlt die Fülle von Bubers *Du*, das, wie er sagt, »ohne Grenzen ist.« Gleichzeitig habt ihr vielleicht bemerkt, daß die Veränderung der psychotherapeutischen Konzepte, die ich hier beschrieben habe, auf etwas hindeutet, das in Bubers Gedanken sehr deutlich wird: sie entfernen sich von dem alten wissenschaftlichen Ziel des *objektiven Verstehens* und nähern sich der ästhetischen Einheit von Subjekt und Objekt. Der Verhaltensforscher und Philosoph Gregory Bateson betrachtet diese Einheit aus einer ästhetischen Perspektive und bezeichnet sie als das leitende System von Subjekt und Objekt, das beide beherrscht, so daß jede Handlung des einen auch das andere beeinflußt. Der Brief, den ich meiner Geliebten schreibe, wirkt auf sie, aber das tut auch der Brief, den ich ihr *nicht* schreibe. Und der Eindruck, den mein Schreiben oder Nicht-Schreiben auf sie macht, wirkt in jedem Falle auf mich zurück. Doch Batesons Idee des *Systems*, dessen Inhalt alles Mögliche sein kann – anorganische Wechselwirkungen, solche zwischen Tieren oder zwischen Menschen – ist immer noch relativ. Bubers *Ich-Du* ist aus Batesons Sicht zwar ein System, aber es ist nicht relativistisch. Es ist absolut. Es ist im spirituellen Sinne *das Ding an sich*.

Und seltsamerweise drücken all diese erhabenen Worte einfach nur aus, daß zwei Menschen in der Begegnung einen absoluten Wert darstellen. Aber nochmals: das ist eine weitreichende Aussage. Sind die Personen subjektiv? Selbstverständlich. Doch sie besitzen auch eine absolute Wahrheit. Ist diese Wahrheit unmittelbar zugänglich für sie? Ja, das ist sie. Können sie sich selbst und andere mißdeuten? Ja, darin liegt die Gefahr von Übertragung und Gegenübertragung, diesen einengenden Versuchen, mit dem Fehlen des *Du* fertig zu werden, während man auf dessen Wiederkehr hofft. Ich glaube, daß mein Kollege diese Hoffnung hatte, als er Dr. Erickson anrief, und daß er die Hoffnung verlor, als er die Stimme am anderen Ende der Leitung hörte. Man verliert sie schnell. Und trotzdem: wir alle haben eine Orientierung darüber, was wahr ist.

Das ist nach meinem Verständnis die Perspektive der

Gestalttherapie. Es ist eine kühne und einzigartige Sicht, aber sie ist nicht *allwissend*. Sie beinhaltet die Möglichkeit des Lernens von anderen therapeutischen Ansätzen oder der neurophysiologischen Forschung.

Ich denke, ich habe genug gesagt, um meine Auffassung klarzumachen. Wenn ihr glaubt, daß *Ich-Du* bedeutet, *einen guten therapeutischen Vertrag* mit dem Klienten zu schließen oder *eine therapeutische Partnerschaft* mit ihm aufzubauen, dann stimmt das. Wenn ihr glaubt, das *Du* als Ziel der Therapie bestätige nur, daß man sich *um seiner selbst willen geliebt* fühlt, dann stimmt das auch. Aber könnt ihr verstehen, daß ich von diesen Dingen *in der Tiefe des Sees* spreche? Für mich hält diese Vision stand, wie immer man über Entwicklungsstufen oder pathologische Syndrome oder therapeutische Techniken denken mag. Es ist wichtig, all dies im Griff zu haben. Aber die Erfahrung des *Ich-Du* ist das Erste und das Letzte und geht über alles Denken hinaus. Sicherlich hatte Nietzsche dies im Sinn als er schrieb: »Es gibt zwei Menschen, über die ich nie nachgedacht habe. Das ist der Beweis meiner Liebe für sie.« Um es noch einmal aus meiner eigenen Überzeugung heraus zu sagen: Das *Ich-Du* ist die Tiefe des inneren und äußeren Kontaktes, den das Herz immer ersehnt, und wenn es diesen Kontakt erlebt, wird sein Handeln zum Gebet – wie in Prosperos Worten am Ende von Shakespeares *Der Sturm*:

Which pierces so that it assaults
Mercy itself and frees all faults.

Daß es Gewalt der Gnade tut
Und macht jedweden Fehltritt gut.

Perspektiven bei Kafka, Bateson und Lao Tse

In der buddhistischen Literatur gibt es eine Geschichte, die wie eine psychotherapeutische Heilung klingt. Eine junge Mutter hat soeben ihren kleinen Sohn verloren. Von Schmerz überwältigt wiegt sie das tote Kind weinend in ihren Armen: »Er darf nicht tot sein.« Sie hat von dem Buddha gehört, der ein großer Heiler sein soll, vielleicht sogar ein Zauberer und eilt zu ihm. »Bitte«, fleht sie ihn an, »du hast ungewöhnliche Macht. Mach mein Kind wieder lebendig.« »Ich werde dir helfen«, sagt er und gewinnt damit ihre Aufmerksamkeit wie ein guter Therapeut. »Aber zuerst«, fährt er fort, »mußt du etwas für mich tun.« – »Was immer du willst! Was soll ich tun?« – »Du mußt mir ein paar Senfsamen aus einem Haus im Dorf bringen, in dem noch niemand gestorben ist.«

Die Frau macht sich rasch auf den Weg. Und jetzt sehen Sie, wie die Geschichte weitergeht. Im ersten Haus, an das sie klopft, ist im vorangegangenen Jahr ein Kind gestorben; im zweiten vor zwei Monaten ein Großvater; im dritten erst gestern ein Freund, und so geht es weiter. Sie kehrt zum Buddha zurück, ihr Kind noch immer im Arm, aber jetzt ruhig, und sagt: »Ich wußte es nach dem zehnten Haus, aber ich bin noch zu zehn weiteren gegangen, um ganz sicher zu sein. Er muß begraben werden.«

Die Geschichte mit ihrer Darstellung einer erleuchtenden Erkenntnis ist typisch buddhistisch. Und das, was erkannt wird, ist typisch taoistisch. Die Dinge sind wie sie sind: Das ist die zentrale Behauptung und die zentrale Bedeutung des Tao. Sie formuliert die Antwort des Herrn auf Moses' Frage nach dem Namen Gottes neu. »Ich bin der ich bin«, war die

Antwort. Und das ist der reinstmögliche Ausdruck für schöpferische Kraft – gar kein Name, nichts, was erklärt oder gerechtfertigt werden müßte. In der taoistischen Form jedoch ist der gleiche Ausdruck unpersönlich. Die Welt, das Leben: *es* ist wie *es* ist. Sie sind *nicht* so, wie wir sie vielleicht haben möchten. Und wir, seltsame Geschöpfe der Welt, wir haben die Macht, das was ist, zu *verneinen* und in dieser Verneinung Wunschbilder dessen zu begehren, was nicht existiert. Die Geschichte vom Tod des Kindes paßt besonders gut auf menschliche Probleme – Enttäuschungen, Verluste, Fehlschläge –, denn auch sie stehen immer für einen kleinen Tod, gegen den wir uns wehren, obwohl er in jedem Haus immer wieder geschieht und auch in unserem eigenen schon geschehen ist. Wenn wir jedoch den Tod und das Begräbnis zulassen, wenn wir beginnen können, das zu wünschen, was tatsächlich geschieht, dann werden wir paradoxerweise zu jenen Herrschern, von denen das Buch der Weisheit, das *Tao Te King* spricht:

> Die Welt wird durch Nicht-Eingreifen regiert. Sie kann nicht durch Eingreifen regiert werden. (48)[3]

Wenn nun das »Es ist wie es ist« ganz und gar verwirklicht wird, liegt darin auch eine Art von Vollkommenheit. Man ist weder der Vergangenheit durch Bedauern verhaftet, noch der Zukunft durch Hoffnung. Die Gegenwart keimt wie ein Same, der alle Nahrung hat und sich selbst genug ist. Und doch basiert gleichzeitig die unvermeidliche Spannung des Tao in unserer Existenz auf einer in sich widersprüchlichen Vereinigung: zeitlose, unaussprechliche Wahrheit verkörpert sich in einer an die Zeit gebundenen, beschränkten Kreatur. Um diesen Widerspruch zu vereinfachen, stellt die Mythologie die großen religiösen Helden als praktisch von jeglicher menschlichen Schwäche befreit dar. Jesus wird von einer Jungfrau geboren, ist frei von Sünde und hat ewiges Leben im

Himmel. Franz Kafka dagegen lieben wir, weil er den Gegenpol darstellt. Er ist voll menschlicher Schwäche: eingeschüchtert und machtlos gegenüber einem mächtigen Vater; ein einsamer Junggeselle voller Angst vor der Ehe; mit einer langweiligen Arbeit bei einer Versicherung, die er nie kündigt; sein Leben lang von obskuren Ängsten und Schuldgefühlen geplagt; gestorben mit vierzig an Tuberkulose. Aber er bietet uns sein Genie, sein literarisches und psychologisches Genie als einen fabelhaften Kommentar zu seinem schweren Los.

Kafkas Tao der Angst

Zunächst einmal ist er ein literarisches Genie, ausgestattet mit der Gabe, durch Worte und Symbole zu vermitteln, wie das Geflecht seiner Erfahrung sich anfühlt. Es lohnt sich, dieses Gewebe genauer zu betrachten, um zu sehen, in welch eine Dunkelheit seine taoistische Vision Licht brachte – und aus welcher Dunkelheit sie gleichzeitig stammte. Ich wähle ein kurzes, nicht sehr bekanntes Stück: »Der Schlag ans Hoftor.«

> Es war Sommer, ein heißer Tag. Ich kam auf dem Nachhauseweg mit meiner Schwester an einem Hoftor vorüber. Ich weiß nicht, schlug sie aus Mutwillen ans Tor oder aus Zerstreutheit oder drohte sie nur mit der Faust und schlug gar nicht.

Exakte Tatsachen – und das traumhaft ungenaue Gegenteil: »Ich weiß nicht.« Und nach diesem sicheren Anfang, mit seiner harmlosen Geste der Selbstbehauptung oder vielleicht des Protestes – totale Gefahr, Verlust, Strafe. Reiter folgen dem Mann. Er wird festgenommen, verurteilt, bestraft. Wofür? Aber hatte er überhaupt etwas anderes erwartet? –

denn er schließt: »Könnte ich noch andere Luft schmecken als die des Gefängnisses? Das ist die große Frage oder vielmehr, sie wäre es, wenn ich noch Aussicht auf Entlassung hätte.« Was hat er getan, daß er derart resigniert – er, der nicht einmal selber die Geste des Schlages gegen das Hoftor machte? Oder akzeptiert er wirklich seine Schuld? Ist er beides gleichzeitig – unschuldig und schuldig? Aber dann kippt die Verwirrung um in den Alptraum.

Bei Kafka ist alles es selbst – und sein Gegenteil. Ein Spaziergang nach Hause an einem Sommertag – und eine endlose Gefängnisstrafe. Eindeutig unschuldig – und entschieden schuldig. Diese Paradoxe öffnen den Blick für das existentielle Paradox, das ich bereits erwähnt habe: die flüchtige, zeitlose Wahrheit, gefangen in der endlichen Person, die diese aus ihrer Begrenztheit und ihren Niederlagen erlöst. Kafka selber konnte also auch so positiv sprechen. »Das Unzerstörbare ist eines«, schreibt er in einem Aphorismus voller taoistischer Harmonie. »Jeder einzelne Mensch ist es, und gleichzeitig ist es allen gemeinsam, daher die beispiellos untrennbare Verbindung der Menschheit.« Einem ratlosen Sterblichen wie ihm wäre eine so großartige Vision vielleicht niemals klar erschienen. Vielleicht können wir diese Vision als die Vorderseite eines Wandteppichs bezeichnen, auf dessen Rückseite alle die Knoten der eigenen Konflikte, Spannungen und Qualen vernäht sind. Gefangen in diesen zerrissenen Teilstücken mag man vielleicht niemals auf die andere Seite gehen und das Gewebe als heiles Ganzes sehen. Kafka jedoch tut dies.

Tatsächlich kann man gar nicht sagen, ob sein schizoides Gefühl der Entfremdung von einer in stückhafte und unregelmäßige Formen gebrochenen Existenz seine visionäre Gabe verfeinerte, oder ob es diese Gabe war, die sein Gespür für die Probleme verfeinerte. Beides vielleicht. Und dieses subtile Gespür ist überall. Schauen Sie sich – um des Kontrastes willen – William Blakes entschiedene Fragestellung an: »Wahrheit kann niemals so gesagt werden, daß sie verstanden, aber nicht geglaubt würde.« Kafka gibt im PROZESS seinen eigenen gebrochenen Kommentar dazu: »Richtiges Auffassen einer Sache und Mißverstehen der gleichen Sache schließen einander nicht vollständig aus.« Blakes Wahrheit ist zwar noch da, aber sie wird aufgewogen durch einen Zusatz, ihr gebrochenes Bild: so, als sei eine Gewißheit aus dem Paradies durch einen Zweifel aus dem Fegefeuer getrübt worden. Kafka blickt mit seinem Gefühl der Brechung ganz deutlich in das Reich Satans; gibt dem Bösen, was ihm gebührt – in einer Weise, wie nur wenige Gesündere es könnten. Denn das Böse – oder nennen wir es das gierige Ich – will, daß wir unsere Zerbrochenheit lieben, uns gerade von unserer Fähigkeit, uns selbst und andere mißzuverstehen, bezaubern lassen, so daß wir nicht mehr den Wunsch haben, uns gegen diese Macht zu wehren. »Wenn man einmal das Böse bei sich aufgenommen hat«, sagt Kafka in einem Epigramm, »verlangt es nicht mehr, daß man ihm glaube.« Ist der Besucher erst einmal durch eine Tür hereingekommen, so muß er nicht mehr auf sich aufmerksam machen; vielmehr beherrscht er die ganze Szene. Oder, anders ausgedrückt: unsere Eitelkeit, unsere Gier schäumen wie ein Wasserfall, in dem wir ertrinken. Deshalb sind, so fährt Kafka fort, »die Hintergedanken, mit denen du das Böse in dir aufnimmst, nicht die deinen, sondern die des Bösen.« So kann im Leben das Prinzip des Bösen oder der Begrenzung unbegrenzt verfeinert werden. Endlose, wohlausgewählte Gedanken können zum Beispiel die Vernichtung unseres Planeten im Namen des Profits oder die eines Kriegsgegners um des Friedens willen rechtfertigen. Und zuallererst ist dieses Böse in uns, ein ständiges Potential unserer Natur. Kafkas knappster Gruß an es ist eine Metapher aus sechs Worten: »Ein Käfig ging einen Vogel suchen.«

Aber es gibt einen Vogel, und der Käfig selbst kann nicht

zum Vogel werden. Bei all seiner Raffinesse ist etwas an dem Bösen, das auffallend ist und für uns greifbar. »Die Sünde kommt immer offen und ist mit den Sinnen gleich zu fassen,« schreibt Kafka. »Sie geht auf ihren Wurzeln und muß nicht ausgerissen werden.« Was können wir tun, um unsere gesamte Lebenssituation zu würdigen: unser Leiden im Käfig, den Vogel in uns, der weiß, daß er frei fliegen kann? Aber vielleicht basiert unser Problem gerade auf diesem unserem Wunsch, die Dinge zu ändern, die ihre tiefere Bedeutung nur dann preisgeben, wenn wir sie so akzeptieren, wie sie sind. Der Käfig ist immer da, bereit, uns zu finden und uns einzuholen, so wie es im Paradies auch immer die Schlange geben wird. Aber sind wir selbst nicht flexibel und unbegrenzt, so daß wir Fülle erfahren können, die gleichzeitig Demut bedeutet? Und dann können wir durch die Gitter des Käfigs schmelzen, durch den Käfig unseres eigenen Egos und das anderer, und das Paradies ist wirklich unsere Heimat. Kafka beschreibt den Weg zu diesem Bewußtsein in seiner taoistischsten Aussage: »Sich unendlich klein machen, oder es sein.« Das heißt, sich dem Leben, wie es ist, in keiner Weise aufzuzwingen.

Kafka selbst ist, wenn man es so ausdrücken darf, eines der problematischsten Beispiele menschlicher Erleuchtung. Er sprach sehr aufrichtig über seine Schwierigkeiten: »So scheint es mir, daß ich umherirre wie ein Kind in den Wäldern des Mannesalters«, schrieb er einmal an seinen Freund, den Schriftsteller Max Brod. Aber er war sicher, daß seelischer Schmerz Teil des spirituellen Lebens ist, ja dessen Ansporn, und er trug seinen eigenen Schmerz wie die Verheißung der Gnade. Solch ein Mensch vertraut keinem Psychotherapeuten mit Problemlösungsstrategien. Wie würde denn auch eine Kafkasche Sequenz in der Psychotherapie verlaufen? Ich denke an Camus' Geschichte von dem Mann, der in seiner Badewanne angelt. Ein freundlicher und listiger Psychiater will sich auf die Vorstellung des Mannes einlassen und fragt ihn: »Beißen sie an?« – worauf der Mann antwortet: »Du Idiot! In der Badewanne?« Das ist ein Beispiel für Kafkas beißenden Humor. Mit dem gleichen Humor bemerkt er einmal zu den Übeln des Lebens: »Unsere Welt ist nur eine der schlechten Launen Gottes, einer seiner schlechten Tage.« Aber die Welt ist wie sie ist, und deswegen ist alles richtig, unser Schmerz, unsere Verluste, die Absurdität des Angelns in der Badewanne. Ein taoistischer Therapeut könnte den Angler an der Badewanne mit einem gewissen Humor nehmen, könnte augenzwinkernd zu ihm sagen: »Das ist heldenhaft. Du fängst ja doch nichts!« Und wenn das Leben selbst ebenso absurd oder empörend ist, ebenso sehr eine Beleidigung der Vernunft, können wir doch weiterangeln und darauf beharren, und können auch einen »Rest des Glaubens« bewahren – so schreibt Kafka in einem seiner bewegendsten Aphorismen: in dem Augenblick, als jemand aus der Gefängniszelle, in der er sein ganzes Leben verbracht hat, in das ewige Gefängnis des Todes gebracht werden soll, kommt Gott vorbei und sagt: »Diesen sollt ihr nicht wieder einsperren. Er kommt zu mir.« Hier liegt die Gnade der Nähe.

Gregory Bateson und das Tao der Beziehungen

Dieser Suche mit all ihrem Schmerz, ihren Gefahren und ihrem Ziel hätte der britische Verhaltenswissenschaftler Gregory Bateson zugestimmt. Auch er strebte nach einer Erklärung für die zweideutige Natur der Erfahrung. Auch er akzeptierte taoistisch die Weisheit der ihr innewohnenden Ordnung. Aber im Unterschied zu Kafka benutzte er als entscheidendes Instrument zur Untersuchung dieser Ordnung das Mittel der spekulativen Logik. Wo Kafka – der Künstler – einmal in sein Tagebuch nur den Satz »Zwei Freunde machten einen Ausritt am Morgen« geschrieben und die Vollkommenheit seines Stils genossen hatte, hätte Bateson schreiben können: »Wenn zwei Freunde einen Morgenritt machen, welche Kriterien müssen erfüllt sein, damit diese Handlung als Sakrament zu bezeichnen wäre?« Die Tatsache ist gegeben und sofort erfolgt die Spekulation über die Tatsache hinaus. Und Kafkas Satz bringt einen zweiten, grundsätzlichen Unterschied zutage: das Anliegen des Schriftstellers ist die Seele des Einzelnen – in diesem Falle ein Bild der Zufriedenheit der Seele. Bateson hingegen geht es buchstäblich um Beziehungen: auf welche Weise Freunde miteinander und mit ihrer Umwelt verbunden sind.

Am bekanntesten ist er für die Formulierung des Interaktionsprinzips des Double-Bind. Sie entstand aus seiner Arbeit mit Schizophrenen und ihren Familien in Kalifornien, und es ist lehrreich, den Ursprung dieser Idee zu verfolgen, um nachzuvollziehen, wie fein seine eigene Wahrnehmung und sein eigener Geist arbeiteten. Schizophrene, so fiel ihm in den Fünfzigerjahren am Hospital für Kriegsveteranen in Menlo Park auf, verhielten sich, als würden sie bestraft, dürften das aber nicht merken; als ob sie verstünden, daß sie *für eine Abwehrhaltung bestraft würden*. Könnte nicht dieses Wissen um die Bestrafung, das geleugnet werden muß, als ein Verbot des gelernten Lernens beschrieben werden? Als ein Ins-Unrecht-gesetzt-Werden für das, was man weiß? Muß diese Verwirrung nicht zwangsläufig auch zu geistiger und seelischer Verwirrung führen? Wäre nicht ein Kind, das einem solchen Interaktionsfeld mit seinen Eltern nicht entrinnen kann, das weder Liebe spürt noch sagen kann, daß es sich nicht geliebt fühlt, der Logik des Falles folgend, zu Verhaltensstörungen gezwungen? So lacht der Schizophrene beispielsweise albern, wenn seine Mutter mit ihm spricht, oder er erscheint gefühlsmäßig gelähmt, oder er sagt etwas Bizarres – aber dennoch Bedeutungsvolles – wie: »Meine Mutter ist ein U-Boot, das ich nicht sehen kann.«

Und wenn der Therapeut weiß, worauf zu achten und zu hören ist, dann wird er beim Schizophrenen diese Anzeichen, diese Symbole verneinter Gefühle entdecken und kann mit ihm in Kontakt treten. Der Therapeut kann dann vermitteln: »Natürlich fühlst du dich verletzt und ängstlich und erwartest, daß dich jemand verwirrt. Ich verstehe, wie schrecklich das ist. Laß uns zusammen diesen Terror ansehen, als Freunde.«

Die Double-Bind-Theorie, wie diese Leugnungsstruktur später genannt wurde, fand in der professionellen Psychologie größte Beachtung. Kafka selbst, so hat man den Eindruck, hätte sie großartig gefunden; er hätte zugegeben, daß genau diese unklare, finstere Situation in seinen Werken dargestellt, und von ihm, mit seinem taoistischen Genuß des Paradoxen, als die dunkle Seite Gottes akzeptiert wird. Für ihn ist die Existenz immer gotterfüllt. »Das Wort *sein*«, so erklärt er geduldig, »bedeutet im Deutschen beides: *Dasein* und *ihm gehören.*« Und auch bei Bateson gibt es eine Gottheit, die in der Verborgenheit bereits Gestalt angenommen hat. Seine Theorie des menschlichen Lernens, oder, wie er es nennen würde, der Veränderung des Geistes, die größere Kontexte integriert, bewegt sich von der konditionierten kulturspezifischen Erfahrung zur unkonditionierten, d. h. zu einer direkten und ungehinderten Beziehung zu den eigenen, sich permanent wandelnden Bedürfnissen. Das Unkonditionierte ist der Kontext, in dem das konditionierte Lernen stattfand; aber darüber hinauszugreifen – sozusagen vom Kaiser zu Gott – ist kein leichter Schritt. Man muß eine tiefe Finsternis des Selbstzweifels durchqueren, des Hinterfragens aller Prämissen des eigenen Lebens, des Gefühls, daß die eigene Wirklichkeit einem streitig gemacht wird, als sei das Tao selbst unterbrochen worden und verschwunden – kurz, die ganze

Gewalt der Double-Bind-Erfahrung. Und man kann sich in diesem Chaos verlieren.

Aber wenn es gelingt daraus emporzusteigen, so schreibt Bateson in seinem Essay »Die logischen Kategorien von Lernen und Kommunikation«, dann »geht persönliche Identität in all den Beziehungsprozessen in einer umfassenden Ökologie der kosmischen Interaktion auf. Jedes Detail des Universums wird als Möglichkeit eines Überblicks über das Ganze betrachtet.« Hier ist das Selbst »eine gewisse Irrelevanz« – das ist seine sehr englisch klingende Erläuterung von Kafkas taoistischer Maxime »Unendlich-klein-Sein.« Batesons eigenes Denkens allerdings, das immer interaktiv ausgerichtet ist, sucht nach dem größtmöglichen Eintauchen ins System. Wie er mir einmal sagte: »Leben durch das, was passiert.«

Am meisten in seiner Schuld stehen heute die systemorientierten Therapeuten in der Familien-, Gruppen- und Einzeltherapie, in denen die Therapeuten ihre Arbeit als von Grund auf dialogisch neu definiert haben. Er selber allerdings stand den Therapeuten keineswegs freundlich gegenüber, denn er hielt sie für machtgierig und im konditionierten Leben beheimatet. Bateson war der Auffassung, daß die Therapeuten ihre Klienten lediglich eine geschicktere Version der Lebensbegrenzung lehrten. Er wollte Klarheit über das Ganze, und ebenso wie für Kafka bedeutete Klarheit für ihn das Akzeptieren des Paradoxes, das taoistische Gespür für ein Gleichgewicht, welches das Paradox mit einschließt. Die Notwendigkeit, dieses Gleichgewicht anzuerkennen, ist Bateson das Wichtigste, so wie in der Natur die ökologischen Kräfte einen Ausgleich zwischen Freiheit und gegebener Ordnung herstellen, und wie im menschlichen Leben sowohl die Kunst als auch die Wissenschaft ein Gleichgewicht zwischen Phantasie und Starre erhalten. »Zuviel Phantasie,« pflegte Bateson zu sagen, »und man landet in der Klapsmühle. Zuviel Starre, und man ist tot.« Mit seiner Einstellung des mitfühlenden

Gewährens konnte er nur eine Therapie gutheißen, die klarmacht, wie komplex dieses Gleichgewicht ist. Für ihn bedeutet diese Klarheit Gnade.

Der Weg des Lao Tse

Wenn wir uns Lao Tse zuwenden, der halb legendären Gestalt aus dem China des sechsten Jahrhunderts vor Christus und dem Begründer des Tao als Prinzip und Regel, so nimmt die Philosophie des Zulassens eine besondere Größe an. Natürlich drückt er eine psychologische Weisheit aus, aber es geht dabei nicht bloß um subjektive Wahrheit. Wenn wir Weisheit besitzen, besitzen wir sie so, wie wir auch unsere Augen und Ohren besitzen, die sich entwickelt haben, um Aspekte der realen Welt in Erscheinung treten zu lassen. Auf dieselbe Art hat sich auch die Weisheit entwickelt, die der Welt und allem, was in ihr unfaßlich und unbenennbar ist, mit dem Gefühl der Ehrfurcht begegnet, damit wir etwas davon erkennen, wie die Welt selbst tatsächlich ist. In Batesons Worten ausgedrückt, befinden wir uns in einem größeren System, dessen Teil wir sind und das, so könnte man sagen, die naturalistische Grundlage der Religion bildet. Denn wir spüren dieses größere System als Mysterium, als Formlosigkeit, aus der die klaren Formen in ihm entstehen. Es ist ein Kosmos, für den eine einzige Kosmologie nicht genügt, was nicht heißt, daß irgendeine davon falsch sein muß. Aber Ideen und Worte selbst sind zu begrenzend, in gewissem Sinne zu festgelegt, zu positiv. Der Kosmos ruft nach einer Urkosmologie, einem ursprünglichen Sinn, aus dem sich alle spezifischen Kosmologien herleiten. In Lao Tses Buch ist dieser Sinn immer lyrisch, paradox, impressionistisch:

> Allzeit ohne Wünsche sieht man das Geheimnis
> Allzeit voller Wünsche sieht man die Erscheinungsformen, (1)[4]

sagt er in seinem ersten Vers; und im zweiten überträgt er das Paradox des Positiven, das aus dem Negativen entspringt, auf die menschliche Ebene:

> Die ganze Welt kann nur darum Gutes als gut erkennen, weil es das Böse gibt. (2)

Und nun beginnen die weiten schwingenden Sprünge seiner »Darums«:

> Darum geht der Weise einher und tut nichts und lehrt ohne Worte.
> Die zehntausend Dinge [Erscheinungsformen] steigen auf und fallen unaufhörlich.

Woraus ergibt sich dieses erste Darum des »Nichts-Tuns? Aus dem natürlichen Gleichgewicht der polaren Gegensätze – zum Beispiel die Harmonie des Guten, die Zerstörungskraft des Bösen – für deren Wirksam-Werden »nichts«, keine zusätzliche Kraft erforderlich ist. Und aus noch etwas anderem: aus dem Mysterium, der schöpferischen Quelle, in der das gesamte Gleichgewicht ruht. Der Weise (in Lao Tses Buch sein Sprecher) kennt diese Quelle in sich selbst, behält die Rangfolge im Auge, die größere Tiefe des Nicht-Handelns, und indem er dies tut, nimmt er die ganze Welt in sich hinein als untrennbar mit sich selbst verbunden. Indem er sich der Welt nicht aufzwingt, in diesem Nicht-Handeln, bildet er mit ihr eine Einheit in Fülle.

Er ist innerlich frei, weil er die Gegensätze der »zehntausend Dinge« akzeptiert. Das Tao ist zu Zeiten sanft, »wie der Fluß, der heimfließt zum Meer« (71). Aber es ist auch unbarmherzig. Es mildert menschliche Katastrophen nicht ab, es rechtfertigt sie nicht: Erdbeben zerstören eine Kultur; Krebs tötet junge Menschen; das Böse selbst hat all die raffinierte Macht von Kafkas Satan. Man könnte daher eine stoische Haltung einnehmen oder – den größeren Zusammenhang im Blick – eine Art Gleichgewicht darin erkennen. Aber Lao Tse betrachtet die Laune des Schicksals vor allem als einen Ruf an unsere Anpassungsfähigkeit. Die Dinge, wie sie sind, sind unerschütterlich. Eines Morgens magst du aus deiner Niedergeschlagenheit erwachen. Doch das Tao kannst du nicht erschüttern – warum dann dich selbst erschüttern? Sei nicht voreingenommen. Wenn das Glücksrad sich dreht, erwarte weder ausschließlich Gutes noch ausschließlich Schlechtes. Der Weise, der ein Beispiel für das Tao ist, ist tatsächlich geschützt durch seine eigene grundlegende Selbstlosigkeit:

> Wer dem Weg folgt, sucht nicht Erfüllung. (15)

Vielmehr erreicht er seine Erfüllung durch »selbstloses Handeln« (7), dadurch daß er »sich nicht durchsetzen will« (49). Das ist die Harmonie des Weisen. Er drängt sich selbst nicht im geringsten auf, und:

> Er hilft den zehntausend Dingen, ihre eigene Natur zu finden. (64)

Er ist, so könnten wir Heutigen sagen, der Psychotherapeut, den wir alle gerne fänden.

Das Grundprinzip des Weisen wird auf chinesisch *wu-wei* genannt, was für *Nachgeben* steht. Man wehrt sich nicht gegen eine Situation, weder äußerlich noch innerlich. Man akzeptiert sie und betrachtet sie als etwas, das bisher vielleicht noch nicht in Erwägung gezogene Möglichkeiten enthält. Als Beispiel dazu fällt mir zunächst nichts aus der Psychotherapie ein, sondern eine faszinierende Begebenheit aus dem Leben des genialen Mathematikers Karl Friedrich Gauss:

Als er noch ein Junge war, stellte ein Lehrer, der während des Unterrichts plötzlich eine halbe Stunde Zeit für andere Aufgaben abzweigen mußte, ihm und seinen Klassenkameraden eine Rechenaufgabe, an der sie lange sitzen sollten. Er wies sie an, alle Zahlen von 1 bis 100 nacheinander zu addieren, 1 + 2 + 3 und so weiter, und wenn sie fertig waren, sollten sie das Ganze noch einmal nachrechnen und dann mit ihrer Antwort zu ihm ans Pult kommen. Zu seiner Überraschung stand der junge Gauss schon nach einer Minute vor ihm, ohne irgendwelche schriftlichen Rechnungen, aber mit dem korrekten Ergebnis: 5050. Wie war das möglich? Der Junge erklärte. Er hatte ein Muster erkannt. Wenn man 100 und 1 addiert, erhält man natürlich 101. Aber ebenso, wenn man 99 + 2 addiert, und 98 + 3 und so weiter, bis hinauf zu 50 + 51. Man braucht also nur 101 mit 50 zu multiplizieren, oder, noch einfacher, 101 x 5 = 505 zu rechnen und eine Null dranzuhängen und hat die Lösung: 5050.

Der Therapeut auf Lao Tses Weg

Der Gestalttherapeut Fritz Perls hatte einen Wahlspruch, der an Lao Tse erinnert. Er lautete: »In diesem Augenblick kann ich nicht anders sein, als ich in diesem Augenblick bin.« Aber die Anekdote von Gauss weist darauf hin, welche unerwarteten und einfachen Lösungen sich vielleicht in den Problemen des Augenblicks verbergen. Der Junge hatte den Daten, die vor ihm lagen, nachgegeben, dann durch einfaches Anders-Anordnen aus ihnen ausgewählt. In gewissem Sinne gibt es »keine Wahl«, jedenfalls sicherlich keine Wahl von den Daten weg, die »nicht anders sein können, als sie sind.« Und in diesem Sinne ist sein »An-ihnen-Handeln« an ihnen eine Art des Nicht-Handelns. Offensichtlich hat er in taoistischer Manier ein Muster des Handelns entdeckt, das das Handeln auf ein Mindestmaß beschränkte.

Der Psychotherapie selbst geht es um eben diese Art des Nachgebens gegenüber dem, was im Inneren als Problem vorhanden ist, um darin etwas Neues und Fruchtbares zu entdekken. Man kommt in die Therapie eben deshalb, weil man nicht weiß, wie man hinreichend nachgeben kann: beispielsweise einer Zeit des Wandels im eigenen Leben, oder einem Hang zu einer Beziehung hin oder von ihr weg, oder einem Protest oder einem Wunsch. Die Symptome – Angst, Depression, Verwirrung – bedeuten, wie Kafka einmal sagte, »Selbstqual aus Angst« vor dem Nachgeben. Aber dann steht der Betreffende häufig vor einem neuen Problem, nämlich dem Therapeuten gegenüber nachzugeben, und das will er oder sie auch nicht. Das Problem ist nach außen übertragen worden und wird, wie wir sagen, ein »Übertragungsproblem«. Was kann der Therapeut bieten? Schweigen vielleicht? Aber das mag vielleicht dem Patienten bestätigen, daß er unrecht hat, was einen verhärtet und in die Defensive treibt. Einen schlichten Einwand vielleicht, daß die Unabhängigkeit des Patienten keinen Erfolg gebracht hat? Aber das beläßt den Konflikt des Patienten einfach an derselben Stelle. Die Behauptung, daß der Patient (nicht der Therapeut) das Problem lösen wird? Aber dieses Versprechen wirkt ein bißchen sophistisch, denn für irgendwas wird der Therapeut ja offensichtlich gebraucht. Die Situation nicht verändern, aber sie so strukturieren, daß der Patient ihr zustimmen kann? Genau das aber ist *wu-wei*: man gibt dem nach, was ist, um darin etwas Neues zu finden. Zum Beispiel: »Ich verstehe, daß Sie nicht von Hilfe abhängig sein wollen. Natürlich wollen Sie auf eigenen Füßen stehen. Aber was ist mit den Problemen, von denen Sie sprechen, die von anderen gekommen sind – Vater, Mutter, wer auch immer zu Ihrer Unsicherheit und Ihrer Verwirrung beigetragen hat? Wenn jemand Sie in einen Brunnen geschubst hat, brauchen Sie dann nicht auch jemanden, der Ihnen wieder heraushilft?« Es ist nicht schwer, diese Fragen mit »Ja« zu beantworten.

In dieser Strukturierung liegt natürlich eine gewisse Manipulation. Sie hat ihr eigenes besonderes Ziel: eine Vergrößerung des Gesichtswinkels, die den Widerstand des Patienten beseitigt. Aber diese Manipulation entspringt überhaupt erst aus einem Nachgeben von Seiten des Therapeuten, ein Sich-Fügen gegenüber dem Empfinden des anderen, die er oder sie spüren kann. Es ist, als hätte der Therapeut gesagt: »Ich sehe die Angelegenheit von Ihrer Seite, und eine umfassendere Sicht ist möglich.« Es ist ein Austausch zwischen beiden, der über Worte hinausgeht, und der dann durch die Worte verstärkt und bestätigt wird. Manchmal verläuft der Austausch auch völlig non-verbal. So frage ich einen Patienten, der mir gegenüber mißtrauisch war, aber jetzt die ersten vorsichtigen Zeichen des Vertrauens aussendet, ob es ihm etwas ausmacht, mir einen Gefallen zu tun und die Münzen, die ich ihm gebe, in die Parkuhr bei meinem Auto zu stecken. Andernfalls würde ich in meiner belebten Straße mit ihren häufigen Parkkontrollen wahrscheinlich einen Strafzettel bekommen. Er sagt »Ja« und tut es. Und eingeschlossen in diese Handlung ist für uns beide ein neues Nachgeben gegenüber dem, was ist, worauf der Patient sich sagen kann: »Wenn dieser Mann seine Sicherheit in meine Hände legt, kann ich vielleicht meine Sicherheit in seine legen.« Ganz sicher ist an dieser Idee nichts Seltsames. Denken Sie nur daran, wie wir einem streunenden Hund trauen, der sein Zutrauen gezeigt hat, indem er auf uns zukommt und uns die Hand leckt.

Ein anderer Patient sagte mir: »Meine Frau und ich haben gerade herausgefunden, daß wir ein Kind bekommen werden. Ist das nicht phantastisch? Ich weiß, Sie haben mir schon immer gesagt ›Warum nicht?‹ Und ich habe immer gesagt: ›Ich kann es mir einfach nicht leisten.‹ Na, und jetzt ist es passiert. Zuerst konnte ich nur spüren, daß es nicht richtig war, undenkbar, daß ich damit in die Enge getrieben war. Und dann plötzlich: es war immer noch undenkbar, aber es war richtig. Ich spürte, daß etwas geschehen war, worüber ich keine Macht hatte, und daß ich dem trauen würde, eben weil ich keine Macht darüber hatte. Dafür stehe ich jetzt schon dem Baby gegenüber in der Schuld. Irgendwie werde dafür sorgen, daß es gutgeht.« Auch hier ist wieder das Nachgeben des *wu-wei*. Und hier ist das taoistische Paradox: welche eigene Macht man spüren kann, wenn man es wagt, dem zu vertrauen, worüber man keine Macht hat.

Und auch für Therapeuten hat das Tao radikale Konsequenzen. Ob sie sich nun auf den unendlichen Raum persönlichen Innenlebens (wie Kafka sagen würde) oder auf die äußeren Beziehungen (denen Bateson sich widmete) konzentrieren, so können sie doch keinesfalls einer festen Formel folgen, nicht bei der von ihnen geforderten Offenheit. Psychotherapeutische Arbeit ist taoistische Kunst, keine festgelegte Technik oder Disziplin. Ich habe gesagt, daß »Der Weise« des Lao Tse ein therapeutisches Ideal darstellt. Aber er ist mehr als das – er ist praktische Notwendigkeit. »Aber Moment mal«, werden Sie vielleicht einwenden. »Als Ideal, als Prototyp ist das ja schön und gut. Aber Sie können doch nicht eine derart extreme Forderung an einen normalen Mann oder eine normale Frau stellen, einen begrenzten, fehlbaren Menschen, der sich zufällig für den Beruf des Psychotherapeuten entschieden hat.« Wohl wahr, die Forderung ist extrem. Aber es tut mir leid, sie ist Teil des Territoriums. Einige Patienten mögen sich mit einer Heilung im engeren Sinne zufrieden geben, weil ihre Konditionierung ihre Erwartungen beschränkt. Aber wenn Sie als Therapeut nichts Größeres anstreben, wird Ihnen das Wesentliche Ihrer Arbeit entgehen.

Noch zwei Bemerkungen zum Abschluß: Es hat zunächst den Anschein, als erteile die Idee des Zulassens einen amoralischen Gutschein für alles Mögliche, auf dem steht: »Was immer ist, ist richtig.« Im Denken des Tao gilt, wie wir gesehen haben, genau das Gegenteil: Das Zulassen hat seine eigene Moral, mit dem es dem Zwang, der Verweigerung, dem Sich-Aufdrängen entgegentritt. Und dennoch kann man auf ganz unterschiedliche Art »Laß es zu« sagen. Da gibt es die Ansicht: »Alles ist, wie es ist. Ganz gleich wie frustrierend es sein mag, es muß seinen Lauf nehmen. Je mehr man interveniert, desto mehr kompliziert man den Verlauf und frustriert sich selbst.« Das hat den Tonfall des resignierten Fatalismus und geht zusammen mit einer passiven sozialen Einstellung. Oder es gibt die andere Sicht: »Alles verstehen heißt alles verzeihen. In der adäquaten Perspektive ist alles menschliche Leid, sogar jede durch den Menschen begangene Scheußlichkeit zu rechtfertigen, ebenso wie es Naturkatastrophen wie Lawinen oder Wirbelstürme gibt.« Hier liegt die Betonung auf dem nachsichtigen Wohlwollen des Laissez-faire. Es geht zusammen mit gutem Willen in gesellschaftlichen Fragen, entbehrt aber jeglicher Überzeugung, daß sich das Los der Menschen verbessern läßt. Oder da ist noch eine dritte Sichtweise, die des Evangelisten Johannes: »So hat Gott die Welt geliebt, daß er seinen eingeborenen Sohn gab«, um sie zu erlösen. Hier liegt die Betonung auf Mitleiden. Das geht zusammen mit gesellschaftlichen Einstellungen wie Solidarität, Umweltbewußtsein und dem aktiven Einsatz für das Allgemeinwohl, wie den gewaltlosen Bewegungen, die von Gandhi und Martin Luther King ausgingen, ihnen geht es darum, sich der Bedürfnisse anderer anzunehmen, so wie der Buddha von der einzigartigen Freude sprach, die darin liegt, sein Mahl mit einem anderen zu teilen, oder wie wir

Lao Tse vom Weisen sagen hören: »Er hilft den zehntausend Dingen, ihre Form zu finden.« Ich persönlich gebe dieser dritten Sichtweise den Vorzug und denke dabei auch an Blakes Sprichwort: »Die Ewigkeit ist verliebt in die Zeugungen der Zeit.« Damit wird dem Mitleiden die Leidenschaft an die Seite gestellt. Das gefällt mir.

Mitleiden hat sicherlich nichts mit Sich-Fügen zu tun. Zu seiner Großzügigkeit gegenüber der eigenen Person und gegenüber anderen gehören eine Kraft und eine Macht, die wir mit der Vorstellung von praktiziertem Idealismus verbinden. Wir leben größtenteils in Gewohnheiten, allzu oft mechanisch und gedankenlos. Aber es gibt auch eine üppige Beimischung des Unerwarteten, der ungestümen, sich überstürzenden Natur des Lebens und manchmal sogar des Alltags; und sicherlich ist es gerade diese Eigenschaft der harten Fakten, auf die der hohe Maßstab des Tao abzielt, ein Maßstab, der Regeln umstößt und uns auffordert, Herausforderung und Risiko zu suchen. Lao Tse selbst soll diesen Maßstab verkörpern, und es gibt eine alte Geschichte, die seine quasi mythische Stellung als Drache herausstreicht, das chinesische Symbol der Fruchtbarkeit und Erneuerung. Sie schildert, wie Lao Tses Zeitgenosse, der Moralphilosoph Konfuzius, ihn besuchte und mit ihm über seine eigenen Vorstellungen einer neuen Ordnung auf der Grundlage von Höflichkeit, Wohlwollen und Respekt in Familie und Politik sprechen wollte. Aber Lao Tse wischte sie beiseite. »Leg Deinen Stolz und Deine zahlreichen Wünsche ab«, sagte er anmaßend zu Konfuzius. Das Leben ist zu unkalkulierbar für irgendeinen festgelegten Verhaltenskodex. Stirb in diesem Augenblick, werde im nächsten wiedergeboren. Sei wie die Umstände in ständigem Wandel. Sei geschmeidig, einfallsreich und lehnte Dich nicht auf gegen die Vergänglichkeit der Dinge.

Bei der Rückkehr zu seinen Schülern sagte Konfuzius zu ihnen:

Von den Vögeln weiß ich, daß sie Flügel zum Fliegen haben, von Fischen, daß sie Flossen zum Schwimmen haben, von den wilden Tieren, daß sie Füße zum Laufen haben. Wer aber weiß, wie Drachen über Wind und Wolken zum Himmel aufsteigen? Heute habe ich Lao-Tse gesehen, und er ist ein Drache.

GESTALTTHERAPIE UND BUDDHISTISCHE LEHREN

Aus den verschiedenen Strömungen im Denken unseres Jahrhunderts über psychische Gesundheit und Störung tritt die Gestalttherapie hervor als Philosophie des Bewußtseins. Die Kräfte, die dem Freudschen Unbewußten zugeschrieben wurden, seine Leidenschaft, seine Irrationalität, seine plötzlichen Explosionen im Dienst des Lustprinzips, gehören — so heißt es in der Gestalttherapie — zu einem ungewöhnlich breiten Spektrum bewußten Lebens. Volles Leben besteht in der Gegenwärtigkeit und Personalität der Bewußtheit und in der Verantwortung für die eigene Person.

Dieses Leben ist seiner Natur nach erregend. Es lädt uns ein und fordert uns heraus zu wachsamer Freiheit und Flexibilität uns selbst gegenüber. Im Gegensatz dazu stößt ein Leben, dem es an Freiheit und Flexibilität fehlt oder bei dem diese gestört sind, die Freiheit ständig zurück. Aus dieser Dissoziation entsteht eine Art von Unbewußtem, vor dem die Person sich ebenso fürchtet wie vor der Besessenheit durch den Teufel. Es ist fremd, brutal und stark.

Im Grunde sind wir unsere eigenen, selbstgewählten Unterdrücker. Wie T.S. Eliot schrieb, werden wir bei den Anstrengungen unseres Bewußtseins »von der Ablenkung durch Ablenkung abgelenkt«; wir werden abgelenkt vom »Geschwätz unseres Geistes«, wie Krishnamurti sagt. In dieser Auffassung wird das psychologische Unbewußte nicht geleugnet; wir leben im wesentlichen durch Funktionen, die uns nicht bewußt sind: Die Zellen wandeln sich um, das Herz schlägt, die Augen sehen. Dieses Unbewußte jedoch ist weit entfernt von Freuds »brodelndem Kessel«. Es ist ein Wunder an Effizienz, Ordnung und Gleichgewicht. Die zunehmende

Zahl psychosomatischer Erkrankungen hingegen entsteht durch die Art, wie wir uns selbst durch das Bewußtsein unterdrücken, wie wir uns antreiben oder verkrampfen. Wir müssen das Bewußtsein als Quelle psychischer Probleme verstehen, ob diese nun als Fehlanpassungen im wachen Leben erscheinen oder in Träumen; tatsächlich sind auch Träume nur die Verzweigungen des Bewußtseins im Schlaf. Wir sind im übrigen der Auffassung, daß das Bewußtsein in der Lage ist, seine eigene Heilung herbeizuführen.

Diese Ansichten führen auch zum Reich religiöser Weisheit; hier sieht das Bewußtsein ebenfalls seine eigene Krankheit und erarbeitet seine eigene Heilung. Lao-Tse mahnt: »Ergib dich in Demut. Dann kann man darauf vertrauen, daß du für alle Dinge sorgen wirst.« (Gia u. English, 1942). Insbesondere die Lehren des Buddhismus behandeln die Probleme der Ergebung, das Widerstreben des bewußten Geistes, seine Qual aufzugeben und verkünden gleichzeitig die unendliche Ganzheit des erleuchteten Zustandes.

Das Denken der Gestalttherapie steht dieser Weisheit nahe und schließt sich ihr auf zwei Arten an. Erstens haben beide den Glauben an die menschliche Fähigkeit zur Umgewöhnung. Wir bleiben nicht stehen in unserem Denken und Fühlen, und wollte man das tun, so wäre das der Tod. Die inneren Gebote, unter denen wir leiden (»Ich sollte besser organisiert sein«, »Du sollst mich nicht enttäuschen«), müssen erkannt werden und im Bewußtsein freien Spielraum haben, damit die »Gestalten«, deren Teil sie sind, sich vollenden und uns loslassen. Das ist die Kunst der Therapie. Mit Bewußtsein voranschreiten ist die Essenz des menschlichen Lebens. Wenn beispielsweise mein genetischer Code festlegte, daß ich in einer Chopin-Etude einfach keine falschen Noten spielen könnte, hätte ich als Pianist ein Gefühl schicksalhafter Leichtigkeit, das ich so nicht habe. Mir würden jedoch die Bewußtheit, die wache Aufmerksamkeit, das Gefühl von Macht und die ästhetische Begeisterung fehlen, die mit der Entwicklung einer Fertigkeit und deren Einstimmung auf einen musikalischen Zweck einhergehen. Diese bewußte Steuerung der Entwicklung von Gewohnheiten und Fertigkeiten — ihre Einschätzung, ihre Lenkung und ihre Aufgabe, wenn dies meinen Bedürfnissen und Zwecken entspricht — ist das besondere Vorrecht und die Verantwortlichkeit des Menschen. Dem Zen zufolge handelt es sich auch dann nicht um bloße Reflexe, wenn man ißt, weil man hungrig ist, und schläft, wenn man müde ist; beides ist meine Leistung und meine Verantwortung.

Bewußtheit in Verbindung mit Reaktion auf das, was im Augenblick geschieht, ist immer Bewußtheit von etwas Neuem, auch wenn die Bestandteile jeder Situation vertraut sein mögen. Ich sehe beispielsweise mein Auto und gehe darauf zu. Ich greife in meine Tasche, um den Schlüssel herauszunehmen und die Tür zu öffnen. Rasch überblicke ich die Bestandteile der Situation: Schlüssel, Auto, Ort, Tageszeit, Stimmung. Bei der eigentlichen Handlung jedoch, den Schlüssel ins Schloß zu stecken, begegne ich etwas Neuem; ein neues und unvorhergesehenes Muster präsentiert sich. Wir leben immer in einzigartigen, neu entdeckten Mustern — ein plötzlicher Zweifel, ein plötzlicher Streit, eine plötzliche Lust — und wenn wir versuchen, sie im Licht ihrer separaten Bestandteile zu sehen, führt das nur zur Verwirrung und Selbstquälerei.

Es gibt noch eine zweite wichtige Verbindung zwischen Gestalttherapie und buddhistischer Psychologie. Ich greife nach dem Schlüssel in meiner Tasche — er ist nicht da. Ich gehe ins Haus zurück und suche. Ich kann ihn nicht finden. Jetzt ist die Neuheit der Situation dramatisch. Ich spüre eine leise Ungewißheit, die rasch zu Panik wächst, merkwürdig durchsetzt mit Erregung. Dann beginne ich mir wirkliche Sorgen zu machen. Ich habe wichtige Pläne für den Tag, Verabredungen, Termine. Alles ist in Frage gestellt. Ich setze mich hin, um mich zu sammeln, neue Pläne zu machen. Ich möchte andere nicht warten lassen. Ich möchte, soweit möglich, meine Gelassenheit bewahren. Dann frage ich mich plötzlich: »Muß ich mich eigentlich aufregen?« Auf dieser Ebene der Selbstbewußtheit begegne ich zu meiner Überraschung sehr tiefen Prämissen: der Wichtigkeit, die ich meinen Plänen beimesse, der Erwartung, daß ein Handlungsprogramm wie vorgesehen abläuft, der Annahme, daß ich auf Stabilität und Zuverlässigkeit in meiner Umgebung angewiesen bin, um mich wohl zu fühlen, dem Gedanken, daß ich ein Gefühl der Dauerhaftigkeit nicht nur im Hinblick auf Pläne, sondern auch im Hinblick auf mein eigenes Selbst brauche, um zu spüren, daß ich intakt bin. All dies ist mit einem Mal in Frage gestellt. Mitten in der täglichen Routine stehe ich vor dem, was Chögyam Trungpa »eine Lücke« nennt.[5] Ich gestatte mir zu betrachten, wie ich mein eigenes Leiden schaffe.

Das Beispiel ist trivial, doch es ähnelt dem, worum sich die psychologische Arbeit immer wieder dreht. In der Psychotherapie entdecke ich, wie ich dahin gekommen bin, mich selbst auf eine spezielle Weise zu sehen – abhängig von meiner Mutter, eingeschüchtert durch meinen Vater. Dann sehe ich, daß ich mich nicht abhängig machen oder unterwerfen muß. Ich fange auch an wahrzunehmen, daß ich je nach der aktuellen Situation anders bin – jetzt bin ich abhängig, jetzt bin ich unabhängig. Mein »Selbst« hat überhaupt keine feste Bedeutung. Es gewinnt, wie Gregory Bateson es ausdrückt, »eine Art Irrelevanz«.

Der Abgrund zwischen Gestalttherapie und Buddhismus: Subjekt-Ich

»Die wahre Natur des Menschen«, schreibt Fritz Perls, »ist Integrität. Nur in integrierter Spontaneität und Entschiedenheit trifft er eine gesunde existentielle Entscheidung.«[6] Ziel der Therapie ist es, die Fähigkeit des Patienten zur Selbstverantwortung zu entwickeln. Zu diesem Zweck werden die Patienten normalerweise aufgefordert, eine Reihe von Sätzen mit »Jetzt ist mir bewußt...« zu beginnen. Auf diese Weise konzentrieren sie sich auf die Vielfalt und den ständigen Wandel ihrer gegenwärtigen Erfahrung und übernehmen die Verantwortung dafür.

Doch Verantwortung wem gegenüber? Welcher Art von »Ich« gegenüber? Lerne ich aus dem im Augenblick Gegenwärtigen, daß ich mehr bin, als ich vorher bemerkt oder mir vorgestellt hatte? Oder lerne ich, daß das Gegenwärtige mehr ist als das Ich, welches es zu erleben sucht, so daß das, was ich gegenwärtig bin, alles ist, was ich bin? Die Gestaltphilosophie ist hier zweideutig. Sie begrüßt die innere Unendlichkeit, die Keats als Akzeptieren des Lebens jenseits seiner Freuden und Leiden beschreibt; sie stimmt auch Emersons großem Exkurs über die »transzendente Einfachheit und Energie der ... tiefen Kraft, in der wir existieren« zu. Allerdings unterscheidet sie nicht scharf zwischen einzelnen Gestalten. Sie unterscheidet nicht zwischen dem Ich, das von der Erfahrung trennbar ist, und dem untrennbaren Ich, von dem Keats und Emerson sprechen. Im Buddhismus ist diese Unterscheidung normativ. Und sie hilft uns, das zu klären, was, wie ich glaube, beim gestalttherapeutischen Ziel der »organismischen Einheit« immer auf dem Spiel steht.

Es gibt nämlich die Unterscheidung zwischen dem feststehenden Ich und dem fließenden Ich; zwischen dem Subjekt-Ich, das eine stabile Wesenheit ist, und dem Prädikat-Ich, das sich je nach Zusammenhang ändert; zwischen einem Ich, das dauerhafte Substanz ist, und einem Ich, das sich, wenn man es für Substanz hält, als Illusion enthüllt.

Die Gestalttherapie liefert sprechende Beweise für das Subjekt-Ich. Zunächst einmal neigt sich die Arbeit als Ganze regelmäßig in diese Richtung, auch wenn diese Neigung für eine Weile nicht wahrnehmbar ist. Der Therapeut, der den Patienten auffordert, jedes Element eines inneren Prozesses zu beachten, hat ein ähnliches Anliegen wie der Buddha, der die Aufmerksamkeit auf jedes Geschehnis in der Gegenwart lenkt, beispielsweise, indem er einer Bäuerin beibringt, sich jeden Augenblicks bewußt zu sein, während sie Wasser aus dem Brunnen schöpft. Mittels dieser Zentriertheit in der Gegenwart sucht der Gestalttherapeut, um Fritz Perls' Worte über die Inhalte eines Traums zu zitieren, die »Essenzen der Persönlichkeit« zu versöhnen. Auf diese Weise vollenden wir unfertige Situationen aus der Vergangenheit (der umgangssprachliche Ausdruck dafür lautet »den eigenen Dreck wegräumen«). In dieser befreiten Bewußtheit akzeptieren wir dann oft ein »wahres Ich«, ein »natürliches Ich«, und plötzlich ist die Befreiung wieder eingeschränkt. Aus der offenen Unmittelbarkeit des Augenblicks und ohne die Verschiebung zu bemerken, kehren wir mit der Zeit zu ein paar festen Einstellungen und zur Stabilität zurück. Es ist, als glitten wir sachte über eine polierte, abgerundete Kante in eine neue Position für das Ich, die sicherer und dauerhafter ist als die vorherige. Wieder halten wir uns an etwas fest; diesmal an »unserem wahren Selbst«, unserem »eigentlichen, zentrierten Selbst«, und dabei werden wir unserer eigenen Einsicht untreu, daß das Ich im Grunde unvollendbar ist und daß seine Vollendung darin besteht, es loszulassen.

Wie sieht das »wahre Ich« aus? Menschen sprechen gerne über »ihre Rechte« als Persönlichkeit. Der Ausdruck wird als Herausforderung gebraucht, wird so ausgesprochen, wie man von Grundbesitz sprechen könnte, der durch Naturgesetz sanktioniert und geheiligt ist. Er legt fest, was die Welt uns schuldig ist: »Mein Recht, zu sprechen und gehört zu werden. Mein Recht auf meinen eigenen Weg und darauf, dich nach Möglichkeit dazu zu bringen, mir meinen Weg zu lassen. Ich stehe für mich selbst ein. Ich weiß, wie ich mich durchsetzen kann.« Für diese Menschen ist Wut eine besondere Verpflichtung. Sie sind bereit zum Kampf. Sie wissen, wie man ständig gegen etwas oder jemanden ist. Fordernd, protestierend, rasch mit Abwehr bei der Hand und explizit egozentrisch, fühlen sie sich vielleicht ziemlich befreit von einschränkenden oder einschüchternden Personen aus ihrer eigenen Vergangenheit. Doch in der Art, wie sie unbekümmert ihre Umgebung provozieren, können wir vielleicht argwöhnisch einen provozierenden Elternteil erkennen, den sie nachahmen.

Nicht die Selbstbehauptung an sich ist es, gegen die ich mich hier wende. Es geht vielmehr um die Abgrenzung durch Selbstbehauptungen, die »Kontaktabgrenzungen« von der Umgebung, die Gestalttherapeuten als entscheidend wichtig für das Funktionieren des Individuums ansehen. Diese Abgrenzung hat eine Bedeutung für die Person, die erfüllt ist von ihrem Subjekt-Ich und »ihren Rechten«; eine ganz andere Bedeutung hat sie für die Person ohne dieses Ich, die kein dauerhaftes Ich zu verteidigen hat, sondern die Freiheit besitzt, offen zu sein oder zu teilen. Das Denken der Gestalttherapeuten kennt diese Unterscheidung normalerweise nicht. Es unterstreicht die Bedeutung der Tatsache, daß man sich über sich selbst klar ist, und mißt nicht irgendeinem einzelnen inneren Zustand mehr Wert bei als einem anderen.

In der buddhistischen Auffassung jedoch hat die Klarheit selbst Folgen. Sie bedeutet Aufmerksamkeit für den gegenwärtigen Fluß der Erfahrung, den gesamten Fluß, einschließlich einer fundamentalen Ablösung von einem Gefühl persönlicher Dauerhaftigkeit und Stabilität. Hier werden also auch Kontaktqualitäten gewürdigt. Die Buddhisten schätzen »großzügige Furchtlosigkeit«, eine Einstellung, die andere warmherzig willkommen heißt und gleichzeitig unsentimental und offen ist. Natürlich braucht der Mensch ohne Subjekt-Ich Zurückgezogenheit ebenso wie Kontakt. Er probiert aus. Er hat seine eigenen Abgrenzungen, braucht sie aber nicht zu bewachen.

Das Subjekt-Ich ist heute auch berühmt dafür, daß es »seinen Freiraum« verteidigt. Schon wieder Eigentumsgrenzen! Der geographische Bezug ist hier wörtlich zu nehmen. Oder nicht? Haben diese Menschen wirklich nur einen physischen Raum im Sinn, einen Raum, den sie zu Wachstum und Versorgung brauchen wie eine Pflanze? Oder reden sie von einer Macht, die sie besitzen wollen, anderen unsichtbar, für sie aber greifbar, eine Art separates Sein, angerufen wie ein »Vertrauter« aus der Geisterwelt, um ihnen beizustehen? »Ich brauche mehr Freiraum,« sagen sie. »Du dringst in meinen Freiraum ein.« Die Betonung liegt auf »mein« und »dein«. Und der Ton ist unnachgiebig. Das ist eine insulare Einstellung; sie verlangt nicht nach Wachstum und Nahrung, für die nicht nur Raum, sondern auch Zeit und Unterstützung durch die Umgebung gebraucht würden. Sie zielt vielmehr darauf ab, die Umgebung wegzustoßen. »Ich könnte in eine Nußschale eingesperrt sein und mich für einen König des unermeßlichen Raumes halten, wenn nur meine bösen Träume nicht wären,« gestand Hamlet. Man könnte sich fragen, wie die bösen Träume von Hamlets modernen Nachfolgern aussehen.

Wieder habe ich den Typ einer schwierigen Primadonna skizziert, die mit einem beharrlichen Gefühl der Getrenntheit ihrer Umwelt gegenüber auf der Hut ist. Es gibt zwar so etwas wie eine natürliche Geräumigkeit eines nicht-selbstbewußten Lebens, wie Chögyam Trungpa es beschreibt, doch ein großer Teil des heute kultivierten »emotionalen Raums« scheint direkt mit der Begrenzung verbunden zu sein, die dem inneren Raum durch die Bedürfnisse des Subjekt-Ich auferlegt werden – »meine Befriedigung«, »meine Aktivitäten«. Dieses Ich, das sich gern zur Schau stellt, seine Muskeln zeigt und seine Kontrolle beweist, legt in bezug auf seinen Lebensraum eine gewisse Klaustrophobie an den Tag. Es stößt gegen seine eigenen Grenzen, als befände sich diese im äußeren Raum; doch die Grenzen schafft es selbst bei dem Versuch, sich zu sichern. In diesem Prozeß hat die Kreativität keinen Raum, obwohl das kreative Leben in Wirklichkeit relativ wenig physischen Freiraum erfordert. Schubert schrieb Lieder, während er in einem Café zu Abend aß; Jane Austen schrieb ihre komplexen, filigranen Romane an einem Tisch im Wohnzimmer inmitten des Familientrubels. Abgeschiedenheit und Intimität sind für viele Arbeiten und zur Selbstfindung erforderlich. Eine Frau muß beispielsweise die Möglichkeit haben, sich von den Anforderungen des Berufes, eines Kindes, der Hausarbeit freizumachen. Doch die Beschäftigung mit »meinem Freiraum« schafft dafür ein weiteres Hindernis; sie schließt die Bewußtheit für den Raum aus, der durch persönliche Offenheit bereits verfügbar ist.

Rechte, Freiraum: Diese beiden sind in gewissem Sinne nur Voraussetzungen für das Hauptanliegen des Subjekt-Ich: »meine Bedürfnisse«. Das Problem ist subtil, weil im spontanen Leben Wünsche unendlich vielfältig sind; ist nicht die Bewußtheit dessen, »was ich brauche«, ein einfaches Gut?

Wenn ich mir jedoch am meisten wünsche, mich fest und ganz zu fühlen, dann baue ich aus dem Fluß der Impulse eine Struktur mit vielen Facetten. Diese Struktur ist nicht das eigene Selbst, das ich vor der Therapie hatte, ein Selbst, das erlaubte Reaktionen wählte und die anderen vermied. Dies ist eine neue Version meines alten Selbst, komplexer, sich selbst gegenüber tolerant – ein facettiertes Selbst, verschönert durch die Akzeptanz meiner Wünsche, meiner Stimmungen, fasziniert von meinen verschiedenen Seinsweisen und den »interessanten Räumen, in die ich gelange«, voll von »meiner existentiellen Integrität«. Ich kann vielen Beziehungen nachgehen, Drogen nehmen, um mein Bewußtsein zu erweitern. Ich kann die verschiedensten Arten von Streß willkommen heißen – einige Tage nicht schlafen zum Beispiel, weil ich fasziniert bin vom Spektrum und der Verschiedenheit meiner Erfahrungsfähigkeit.

Die Fähigkeit jedoch, die da genossen wird, bleibt ruhelos und bedroht. Sie strebt nach ständigen Spritzen in den Arm. Erfahrungen werden gehortet; das Sammeln von Erfahrungen wird zum Programm. Genuß – um welchen Preis? »Nichts ist hoffnungsloser als ein Plan für Lustigkeit«, bemerkte Samuel Johnson einst. Wenn ich mir wünsche intakt und dauerhaft zu sein, kann ich die Möglichkeit meiner eigenen Erschöpfung nur fürchten und dabei übersehen, daß Erschöpfung in Wirklichkeit eine große Chance für neue Entdeckungen sein kann, weil das Prädikat-Ich »mich« einfach immer genau in dem findet, was mir geschieht. Ich bin mir meiner Situation bewußt, aber nicht von ihr getrennt. Wenn ich mich jedoch nicht länger an meiner Wandelbarkeit festhalte, dann taucht die Wandelbarkeit, die ich ohne Drogen in mir selbst finde auf, die andere Person, auf die ich ohne Phantasie und Vorsatz reagiere, die uneingeschränkte Erfahrung in ihrem Urzustand, von der die Buddhisten sprechen.

Chögyam Trungpa benutzt das Wort Ego für das Subjekt-Ich. Auf den ersten Blick ist es nicht das Ego, das Freud definierte, das Ego, das stellvertretend für das Realitätsprinzip steht und hart daran arbeitet, sowohl den psychischen Anforderungen als auch der Außenwelt zu genügen. Doch aus einer anderen Perspektive ist es dasselbe Ego – und die Buddhisten haben die Sicht fundamental nach dorthin verschoben. Das Ego bringt nicht verschiedene Bereiche zusammen, den inneren und den äußeren. Es nimmt einen Bereich auseinander. Und da es das Selbst von der Umgebung getrennt hat, bleiben all seine wohlmeinenden Absichten bezüglich des Realitätsprinzips gequält und unbehaglich. Im Wunsch des Ego, seine eigene Dauerhaftigkeit und seinen Bestand zu sichern, erhält die Realität selbst eine ironische Wendung, denn die stabile, solide Existenz des Ego ist in Wirklichkeit eine stabile, solide Halluzination. Allein schon das Wort Ego, wie es hier verwendet wird, nähert sich mit seinen vertrauten Nebenbedeutungen einer dummen und unrealistischen Selbstüberhebung der buddhistischen Lehre.

Das Wort Ego verdient eine nähere Betrachtung. Wenn das Ego handelt, um sich zu bewahren, indem es sich an seine Struktur klammert und diese mit Hallo und Geschrei verteidigt, wenn es voller Geschäftigkeit, Entschlossenheit und Schlauheit ist, dann ist es entzündet und wir leiden an »Egoitis«. Wie bei einer anderen Entzündung schwillt das Ego in diesen Zeiten an, wird empfindlich und tut weh. Zuerst tritt es gegen Angriffe aus der Umgebung an, dann gegen seine eigene Verinnerlichung dieser Angriffe. Genau dieses geschwollene defensive Sichanstrengen des Ego bezeichnet man gewöhnlich als Neurose. Alle Symptome der Neurose – Angst, Depression, Zwangsdenken, phobische Vermeidungshaltung und Selbstentwertung – drücken den Schmerz und die Empfindlichkeit der Egoitis aus. Alle neurotischen Mechanismen – die defensive Manipulation der Umgebung, die Unaufmerksamkeit für das, was wirklich in der Umgebung passiert und in den eigenen Reaktionen darauf geschieht – tragen dazu bei, die Egoitis aufrechtzuerhalten und das Bewußtsein der Illusion abzuwehren, auf denen sie beruht.

Bei der schizophrenen Psychose ist der Mensch noch schlimmer zugerichtet. Das Ego, das er sich errichtet hat, steht selbst unter Beschuß: er wird, wie Gregory Bateson sagt, »für die Grundfunktion der Musterbildung bestraft«. Er findet das Ich unerträglich und stößt es von sich. In unserer Zeit ist der psychotische Zustand oft als Zustand persönlicher Freiheit gepriesen worden. Gewiß, der Schizophrene ist ein radikaler Kritiker der Leute, die ihm nicht passen, und kann ihnen ausgezeichnet aus dem Weg gehen oder sie karikieren. Doch er weicht auch dem Subjekt-Ich aus, behält eine Phobie gegen es, flieht vor ihm und verbiegt es in unerkannten Metaphern, Spielen oder Geplapper. Er erhält sich mittels dieser Störung aufrecht; daher kann auch das Prädikat-Ich hier nicht existieren. Um seine eigenen inneren Harmonien zu entdecken, muß er zuallererst eine Umgebung haben, die zwar gastfreundlich ist, ihn aber gleichzeitig mit sich selbst konfrontiert, damit er sich seiner Fluchtgewohnheit bewußt wird.

Diese Auffassung von neurotischer und psychotischer Erkrankung konzentriert sich auf das Ego im engsten buddhistischen Sinn. Unter den westlichen Psychotherapien teilt vor allem die Gestalttherapie dieses Bild der Neurose und strebt danach, dem Individuum eine klare Wahrnehmung seiner Spontaneität zu geben, dessen, wie Fritz Perls sagt, »was es selbst ist«. Es zeigt sich jedoch, daß die Buddhisten eine schärfere Konzeption von psychischer Gesundheit haben; nicht allein die Egoitis, sondern das feste Ego an sich ist das Problem. Und das Ego, selbst wenn es klar erkannt und zutiefst als illusionär erfahren wird, verschwindet deswegen nicht. Es läßt sich nicht einfach fortschicken. Am Anfang des Lebens kann es eine unvermeidbare Bezugsstruktur für menschliches Lernen sein. Dies ist das Subjekt-Ich (wie Buber es in Ich und Du so beredt schildert), das sich vom grundlegenden Prädikat-Ich getrennt hat, »in Substanz und Fülle geschrumpft«, und die Welt als etwas nimmt, was man isolieren, objektivieren und benutzen muß.

Indem es bestehen bleibt wie eine unveränderliche Luftspiegelung, verlangt das Ego von uns, daß wir an es glauben. »Wünschen erzeugt Glauben«, bemerkte Proust. »Wenn wir uns dessen gewöhnlich nicht bewußt sind, so deshalb, weil die meisten Glauben schaffenden Wünsche genauso lange leben wie wir«. Es fällt uns schwer, durch den Wunsch nach Dauerhaftigkeit hindurch dessen Unwirklichkeit zu sehen.

Illusionen über Therapie

Für den Therapeuten sind die Folgen eines klaren Durchblicks sowohl im Denken als auch in der Praxis radikal. Es gibt beispielsweise keine »korrekte Art«, eine Therapie durchzuführen. Korrektheit ist von Stabilität abgeleitet. Korrektheit ist eine Illusion. Es gibt keine »rechte Lehre« für die Therapie. Der Begriff Lehre impliziert dauerhafte Wahrheit. Lehre ist eine Illusion. Es gibt kein »richtiges Herangehen« an die Heilung. Auch hier ist Richtigkeit eine Illusion. Nicht einmal Heilung gibt es in Wirklichkeit. »Heilung« bezieht sich auf einen richtigen Zustand. Heilung ist eine Illusion.

Diese Aussagen erwecken vielleicht den Eindruck, als wollten sie die Therapie als solche abschaffen. Wenn aber das Anliegen von Therapie darin besteht, auf das Annehmen von Erfahrung hinzuarbeiten, dann macht Klarheit über die illusorische Natur von Erfahrung Therapie wieder möglich. Die vertrauten Illusionen über Therapie müssen beseitigt werden; ohne sie ist die Therapie frei von Regeln und Manipulation. Regeln und Manipulation implizieren illusorische, stabile Maßstäbe für das, was richtig ist. Wie können wir wahrhaft Worte dafür finden, wie Therapie durchgeführt »werden sollte«? »Das Tao, von dem gesprochen werden kann«, beginnt Lao-Tses Buch, »ist nicht das absolute Tao.« In der Therapie wie im Leben ist die Realität unbenennbar. Deshalb sind Fragen nach den jeweiligen Verdiensten psychotherapeutischer Ansätze und Techniken und nach »guten klinischen Erfolgen« ebenfalls eine Fehldeutung der Wirklichkeit. Die Wirklichkeit besteht darin, das zu erleben, was ist. Gleichzeitig ist die Aufrechterhaltung des Begriffs der Richtigkeit, indem man ihn neu als »Selbstakzeptanz« definiert, ebenfalls nur eine neue und gefährliche Aufforderung zur Illusion; »Richtigkeit« wirft uns auf illusorische objektive Normen und deren illusorische Bewertung zurück.

Das wahre Ziel von Therapie hat nichts mit Richtigkeit oder Bewertung zu tun. Es besteht darin, mit der eigenen Erfahrung eins zu sein. Zwei Beispiele sollen das illustrieren.

Fall 1

Ein ernsthafter junger Mann in einer Gestalt-Trainingsgruppe sagt zu mir: »Ich glaube zutiefst an die Gestaltarbeit. Aber ich lerne nicht genügend Techniken von Ihnen.«

Ich frage: »Wie fühlen Sie sich jetzt?«

»Sehr ernst. Ein bißchen deprimiert.«

»Gut, dann seien Sie einmal so gründlich und konzentriert wie möglich bei einer besonderen Technik. Geben Sie acht. Suchen Sie sich jemanden hier als Klienten aus, der Sie konsultiert. Beobachten Sie seinen oder ihren Tonfall und die Körpersprache. Dann bitten Sie ihren Klienten, das zu übertreiben, was Sie beobachten.«

»Einen Augenblick. Glauben Sie an diese Methode?«

»Ich glaube an alles, was ich voll und ganz tue.«

Eine junge Frau stellt sich freiwillig als Klientin zur Verfügung. Sie beginnen zu arbeiten. Er kommentiert gewissenhaft ihren Tonfall und ihre Bewegungen. Nach einer Minute beginnt sie von sich aus, das zu übertreiben, was er beobachtet. Die Übung bekommt den Anstrich eines Spiels.

Grinsend wendet er sich mir zu. »An so etwas hatte ich nicht gedacht.«

»Sprechen Sie weiter.«

»Ich bin jetzt verblüfft über meine ursprüngliche Forderung. Und ich fühle mich leichter.«

»Sie sind weniger sicher und freier.«

Nachdenklich nickt er. »Das stimmt.«

Fall 2

In meinem Sprechzimmer sagt eine Frau zu mir: »Wenn mein Mann mir nicht die Wärme gibt, die ich mir wünsche, dann ist es meine Sache, ihn dazu zu bringen, es doch zu tun. Das Problem liegt allein bei mir.«

»Sie hören sich bedrückt an.«

»Ich fühle mich miserabel. So getrieben! Ich höre mich genauso an wie meine verdammte, getriebene Mutter!«

»Wir wollen nicht versuchen, jetzt irgend etwas zu lösen.« Ich warte einen Augenblick. »So machen Sie es immer, nicht wahr? Sie wollen das Problem lösen.«

»Natürlich.«

»Wenn Sie ein Problem lösen, sind Sie getrennt von dem, was Sie tun. Ich meine, das ist etwas anderes als das, was Sie wirklich tun können. Zum Beispiel mit Ihrem Mann reden.«

»Das kann ich machen.« Grimmig fügt sie hinzu: »Wenn es einen Wert hat.«

»Es hat einen Wert, daß Sie es tun können, natürlich tun können. Es ist ganz einfach.«

»Mir fällt wieder meine Mutter ein,« sagt sie. »Sie glaubt nie, daß etwas einen Wert hat, wenn es leicht ist.«

»Arme Frau.«

»Ja.« Sie beginnt zu weinen. »Ich weine für sie. Um sie. Das hätte ich nie für möglich gehalten.« Sie schluchzt einige Male heftig auf; dann sieht sie mich an und lächelt plötzlich. »Ich bin wirklich überrascht über mich selbst.«

Ich berühre ihren Arm. »Für mich sind Sie lebendiger.«

Sie lächelt noch immer. »Für mich selbst auch.«

Der Buddhismus hilft uns bei der Klärung sowohl dadurch, daß er konsequent auf die Illusion des Ego und unserer soliden, fixierten Sicht unserer selbst hinweist, als auch dadurch, daß er die Schwierigkeiten beim Erlangen der Klarheit anerkennt. Nicht nur Patienten sind ängstlich besorgt, das Ego intakt zu halten; Therapeuten sind es auch. Die Ego-Typen sind in erheblichem Maße von Gestaltlehrern beeinflußt worden. Dieselben Ego-Probleme gibt es auch in der religiösen Tradition. Der Guru billigt die Treue des Schülers; der Schüler ahmt den Guru nach und kann seinen Weg nicht finden, weil er guten Rat zu sehr als Modell benutzt. Wenn die Kräfte der Ich-Bindung jedoch auf ihrem Höhepunkt sind, kann man nichts weiter tun, als sie zur Kenntnis zu nehmen und zu respektieren. Es gibt eine Geschichte darüber, wie bestürzt der Guru Marpa über den Tod seines Sohnes war. »Ist das nicht alles nur Illusion?« fragte ein Schüler. Marpa antwortete: »Der Tod meines Sohnes ist eine Super-Illusion.« Marpas Schmerz über den Verlust ist unbestreitbar, läßt aber keine andere Erkenntnis zu als diese – bitter, komisch und grausam. Selbst die buddhistischen Lehren geben im Hinblick auf den spirituellen Pfad den trockenen Rat: »Beginne ihn besser nicht – wenn du nicht mußt.« Doch dann, wenn man ihn einmal begonnen hat, ist es »besser, ihn zu Ende zu gehen.«

Diese Verwobenheit von buddhistischen Perspektiven und Perspektiven der Gestalttherapie berührt auch viele Therapeuten anderer Schulen. Seit Freuds ersten Studien vor etwa 80 Jahren ist das zwanzigste Jahrhundert die Ära der Reisen über die unbekannten Meere des Innenlebens und der Entdeckung und Einverleibung seiner verschiedenen Bereiche geworden. Freud, Jung, Adler, Reich und später Sullivan, Erickson und Bateson sind aufgebrochen wie die europäischen Forscher des sechzehnten Jahrhunderts, um eine neue Welt zu suchen – und haben sie gefunden. Viele wichtige Gebiete sind inzwischen vermessen, und in den letzten 25 Jahren sind sie weiter unterteilt und bewertet worden. Gleichzeitig hat auch das religiöse Denken eine neue psychologische Kraft entwickelt, besonders durch die Arbeit Bubers im Judentum, Tillichs im Christentum und durch den in den letzten Jahren spürbar gewordenen asiatischen Einfluß der traditionellen buddhistischen, taoistischen, hinduistischen und Sufi-Lehren. Von diesen Gedanken haben Psychotherapeuten profitiert, die innerhalb ihrer eigenen Disziplin größere Bewußtheit wünschten.

Die Provinzen des Therapeuten und des Gurus werden insofern verschieden bleiben, als ihre Anhänger verschiedene Ziele haben. Zum Psychotherapeuten kommen die Leute, weil sie an ihrem Leben leiden. Es geht ihnen um den Inhalt dieses Leidens, und sie verlassen die Therapie, wenn sie sich wohl genug fühlen. Dabei können sie so unerleuchtet bleiben, wie sie wollen. Wer dagegen nach religiöser Wahrheit sucht, hält Ausschau nach einer inneren Befreiung, die die Religion zu lehren verspricht. Für ihn ist vielleicht eine spirituelle Disziplin wichtig, die therapeutische Fragen wie Abhängigkeit oder Verwirrung gar nicht berührt.

Es gibt jedoch ein bedeutsames Gebiet in der Mitte, auf dem der Gesichtspunkt des Gurus die klinische Psychotherapie, wie wir sie kennen, verändern könnte. Es handelt sich um das Terrain, auf dem die Vision einer Einheit von psychologischem und spirituellem Leben der Therapie einen neues Normengefüge und eine neue Bestimmung gibt. In dieser Hinsicht leistet die psychologische Reinheit der buddhistischen Lehre mit ihrer ständigen Beachtung des Schmerzes, der sich aus unseren Bemühungen ergibt, uns stabil zu fühlen, mit ihrer Klarheit über die Illusion des Ego, mit ihrer Praxis, genau, einfach und warmherzig hinzuschauen, einen wichtigen Beitrag zur Psychotherapie, sowohl in der Gestalttherapie als auch darüber hinaus. Ob allerdings dieser therapeutische Ansatz in irgendeiner Weise den traditionellen Rollen von »Therapeut« und »Patient« genügt, ist eine offene Frage. Vollenden heißt loslassen. Therapeuten stehen hier vielleicht vor dem Loslassen einer Kulturform, vor der Vollendung von Rollen, indem sie diese umwandeln.

GESTALTTHERAPIE UND BUDDHISTISCHE NICHT-ANBINDUNG

Für sich selbst verantwortlich zu sein bedeutet in der Gestalttherapie, daß man sich selbst Autorität ist in dem Bemühen, mit dem Leben fertig zu werden: in den Bewertungen, die man vornimmt, den Entscheidungen, die man trifft und den Konsequenzen, mit denen man konfrontiert wird. Diese Haltung, die etwas pionierhaft Aufregendes hat, und doch auch durch stoische Ernsthaftigkeit und Strenge gekennzeichnet ist, betrifft auch unser Bedürfnis nach Schutz und Anlehnung, sofern wir es anerkennen und seine Auswirkungen akzeptieren.

Zunächst aber stellt sich die Frage: Verantwortung – wem gegenüber?

Wir sagen »uns selbst gegenüber«, als ob der Bezugspunkt sonnenklar wäre und verantwortungsvolle Selbsterforschung uns zu einem Höhepunkt persönlicher Freiheit führen würde. Wir wollen uns selbst finden, uns selbst verwirklichen und suchen die tiefe Verbindung mit uns selbst. Und doch paßt diese ganze Fülle heute nicht so recht zum Idealismus des vorigen Jahrhunderts, der ein sehr genaues Bild von Fülle zu zeichnen wußte, etwa in Walter Paters »strenous forms of the moral life ... including noble pain and sorrow even«, oder die nach außen gerichtete Sehnsucht nach einer großen Liebe, wie bei George Eliots DOROTHEA BROOK oder Tolstois ANNA KARENINA. Die Suche nach uns selbst führt häufig genug geradewegs in ein Dickicht des Selbstbezogenseins, des Bezogenseins auf meinen Freiraum, meine Rechte, meine Integrität. Sie führt zu der Frage, wie ich der Frustration und Bedrohung dieser Eigenheiten begegnen kann oder dem Drang, sie zu schützen.

Aber was ist dieses beständige Etwas in mir, um dessen Sicherheit ich so besorgt bin? Welche Gewißheit haben wir über uns selbst? Doch nur die der Vergänglichkeit. Unser geistiges, emotionales und physisches Leben vollzieht sich in einzelnen, unzusammenhängenden Ereignissen, Augenblick für Augenblick, und wir kennen kein Zentrum, kein bleibendes Herzstück, dem diese Augenblicke anhaften würden. Die Schalenfrucht unserer gegenwärtigen Existenz, in der sowohl die Erinnerung an unsere Vergangenheit als auch die Antizipation der Zukunft enthalten ist, häutet sich Schicht für Schicht, bis hin zum Nichts. In der intensiv und klar empfundenen Gegenwart ist es da, das Gewahrsein »meiner selbst«, doch mit diesem Empfinden schwindet es auch dahin.

Dieser Einsicht in die Nichtexistenz des Selbst folgend, machten die Buddhisten eine völlig unpersönliche Bestandsaufnahme der menschlichen Bedingtheit. Körper und Geist folgen ihren eigenen Gesetzen. Von den ganz unbewußten Funktionen, wie dem Blutkreislauf, bis zu den ohne weiteres beeinflußbaren, wie der Anspannung der willkürlichen Muskulatur, arbeitet der Körper wie ein neutraler Mechanismus. Und auch der Geist unterliegt in all seinen Regungen wie Freude, Ärger oder Ruhe unpersönlichen Regulierungen, ebenso gründlich und vollständig wie die Pflanze und das Tier.

Im selben Maße ist das, was wir unsere Spiritualität nennen, eine unpersönliche Befähigung des Geistes, eine – wenn auch zugängliche und also verfügbare – Fülle des »Nicht-mein-Seins«. Unsere Freiheit, zwischen diesem oder jenem zu wählen, ist eine beim Menschen speziell entwickelte Fähigkeit, die ihn von anderen Tieren unterscheidet, aber wiederum ist dieser Umstand ein im wesentlichen unpersönlicher.

Wir besitzen diese Fähigkeit nicht, sie ist uns gegeben, und der oft spärliche Gebrauch, den wir von ihr machen, zeugt mehr von unserem Mangel an Beherrschung und Verstand als von unserer Souveränität uns selbst gegenüber. Wenn wir stolz sind, weil wir ein gutes Leben führen, im Umgang mit dem Nächsten oder der Umwelt, dann glauben wir, weise Entscheidungen zu treffen, aber erneut: wir lernen, ein unpersönliches Element der Weisheit zu fördern, mehr jedenfalls als eines der Einfalt. Und wenn wir uns selbst ein paarmal hintereinander als relativ geschickt und intelligent empfinden, dann spüren wir, daß so etwas wie Glück im Spiel ist, etwas, das sich unserer Kontrolle entzieht.

Natürlich unterwandert die Verleugnung der Wirklichkeit eines »persönlichen Selbst« jedes westliche Interesse an Selbstverwirklichung und Selbstbehauptung. Und doch haben die westlichen Denker jahrhundertelang auch die Widersprüche und die Ironie erkennen lassen, die die Definition eines stabilen Selbst mit sich bringt. »Der Unterschied zwischen uns und uns selbst ist ebenso groß«, schreibt Montaigne in seinen *Essays,* »wie der Unterschied zwischen uns und anderen.« »Erkenne dich selbst!?« ruft Goethe fragend – »Wenn ich mich selbst erkennte, würde ich fortlaufen.« »Nur wer sich wandelt, bleibt mit mir verwandt,« sagt Nietzsche. »Nichts könnte verschiedener von mir sein als ich selbst,« bemerkt Andre Gides Alterego, der Schriftsteller Edouard, in Die Falschmünzer. »Unsere ganze Seele,« sagt Proust, »hat trotz der reichen Fülle ihrer Möglichkeiten lediglich einen mehr oder weniger fiktionalen Wert, denn mal sind diese, mal jene unrealisierbar.« »Im Himmel,« bemerkt ein irdischer Bernhard Shaw vorausschauend, »ist ein Engel nicht jemand besonderes.« Daher ist das Selbst zugleich begrenzend, wandelbar und fremd; eine Mischung aus flüchtigen Qualitäten und jenen wiederkehrenden Erscheinungen, die uns zu der Annahme führen, wir kennen unsere Freunde, unsere Männer oder Frauen, uns selbst.[7]

Man muß lange suchen, um unter den modernen Sozialwissenschaftlern und Persönlichkeitstheoretikern auf die Auffassung vom Selbst als etwas Fließendem, sich Verändernden zu stoßen: so viele Theorien, etwa bei Freud und Jung, beschäftigen sich mit jener Beständigkeit, die »das Selbst« einer selbstachtenden Lebensgeschichte versichern möchte. Doch einige der großen Denker des zwanzigsten Jahrhunderts dachten anders. Wir verlangen nach der »Illusion der persönlichen Individualität,« erklärt Harry Stack Sullivan in einem gleichnamigen, posthum veröffentlichten Artikel.[8] Doch Persönlichkeit ist nicht einfach Privatsache. Sie umfaßt das ganze Geflecht unserer Beziehungen zu anderen. Wenn man »ich« sagt, dann fühlt man eine Kraft, eine Geltung, die eine Mitte zu haben scheint. Und doch ist dieses »ich« nur ein kleines, erlerntes Element unserer Lebensfähigkeit. Es ist wie jener Teil der Windschutzscheibe, der bei Regen vom Scheibenwischer geputzt wird und durch den wir ganz gut sehen können, solange der Scheibenwischer funktioniert und der Regen keine sintflutartigen Ausmaße annimmt. Und diesen vorläufigen Ausschnitt an Klarheit nennen wir dann unsere »intakte Persönlichkeit«. Doch der Wischer verhält sich exakt gemäß dem Muster unserer persönlichen Beziehungen; über diese Beziehungen hinaus haben wir keine Individualität. »Soviel ich weiß,« schreibt Sullivan, »hat jedes menschliche Wesen so viele Persönlichkeiten, wie es interpersonelle Beziehungen hat« – einschließlich unserer Beziehungen zu imaginären Personen.

Gregory Batesons ähnlich kontextbezogene Ansicht zur Identität geht noch über diesen Kreis der persönlichen Beziehungen hinaus. In seinem Artikel FORM, SUBSTANZ UND UNTERSCHIED schreibt er:

> »Stellen Sie sich vor, ich sei blind, und ich benutzte einen Stock. Ich mache tap, tap, tap. Wo fange ich an?... Wenn das, was man zu erklären versucht, ein gegebenes Stück

Verhalten ist, etwa die Fortbewegung eines Blinden, dann wird man hierfür die Straße, den Stock und den Mann benötigen;... Wenn sich der Blinde aber hinsetzt, um zu essen, werden sein Stock und dessen Nachricht nicht mehr relevant sein — sofern es das Essen ist, was man verstehen möchte.«[9]

Hier wird das Verständnis von »ich selbst« erweitert und relativiert: die Verbindung mit anderen und das Handeln innerhalb einer Umgebung sind die Bestimmungen des Selbst. Sie beinhalten die inneren Bewegungen des geistigen Lebens, die weitere Verbindungen und Handlungen ermöglichen. Doch sind diese Verbindungen und Handlungen nicht »angebunden« an ein vordefiniertes Selbst.

Für die Buddhisten sind solche Verbindungen und Handlungen, sofern sie angemessen sind, in Harmonie mit der momentanen Situation: »Man ißt, wenn man hungrig ist und schläft, wenn man müde ist.« Ihre Angemessenheit stimmt mit ihrem Nicht-Angebundensein überein; nicht angebunden an was? An das Selbst. »Demut,« sagt der chinesische Buddhist Wei Wu Wei, »ist die Abwesenheit des Stolzen.« Das fixierte Angebundensein an das Selbst ist ein Kernproblem der menschlichen Existenz, aus dem heraus all die anderen Anbindungen erwachsen: unsere Bindung an Menschen, an Leistung, an Ruhm usw. Das Angebundensein ist an sich illusorisch. Das Selbst ist nicht real; man wechselt lediglich zwischen verschiedenen Geisteszuständen, die sich selbst in veränderlichen Mustern ein Leben lang erhalten wollen, aber keinem beständigen »Ich« angehören. Wenn wir eine Haltung der Weisheit einnehmen, sind wir frei von der Illusion des Selbst und wir betrachten den schmerzlichen Mangel mit lebendigem und ruhigem Interesse. Wir brauchen uns nicht auf die Objekte zu konzentrieren, die der Mangel leidvoll projiziert.

Wie ein inneres Flackern unterbrechen all die speziellen Psychopathologien die innere Harmonie der unmittelbaren Reaktion auf unsere Bedürfnisse. Vom buddhistischen Standpunkt aus betrachtet, spiegeln die im analytischen Denken verankerten neurotischen Charakterstörungen wie Hysterie, Zwanghaftigkeit usw. die Anbindung an das Selbst, jenem Quellgrund der Gier, und die Ablehnung des Nicht-Selbst wider. Der schizophrene Prozeß zeigt einen umgekehrten Verlauf: Ablehnung des Selbst und Anbindung an das Nicht-Selbst.[10]

Charakteristisch für selbst-gebundene Handlungen ist die Konzentration auf »meine Sicherheit«, »mein Image«, »mein Eigeninteresse«. Auch die Sorge des impulsiven Menschen um »seine Freiheit«, die zwar als Nicht-Anbindung erscheint, wird durch ein sprunghaftes, amorphes Selbst fixiert, das ihn einschränkt. Durch »Mein-heit« wird die therapeutische Arbeit eingeschränkt. »Was ist Sünde?« fragte jemand den Kaufmann Sri Nisargadatta Majarj aus Bombay, der für seine Weisheit bekannt war. Er antwortete knapp: »Alles was bindet.« In diesem Sinne ist jedes aus Selbstumwerbung motivierte Handeln Sünde, ist dringlich, besorgt und defensiv und erstrebt eine kurzfristige Befriedigung um den Preis anhaltenden Unbehagens und dauernder Einschränkung. Es schickt uns auf eine angespannte Jagd nach etwas, das nicht da ist und blockiert unsere Aufmerksamkeit für den vorhandenen Reichtum. Einen ganzen Katalog von Beispielen dafür finden wir in unserem Leben und unseren klinischen Erfahrungen.

Ein 45 Jahre alter Anwalt ist unglücklich in seiner Ehe und ein verlassener Liebhaber. Er beschäftigt eine Sekretärin, mit der er vor Jahren eine Affäre hatte, und deren ständige Anwesenheit in ihm die quälende Hoffnung erhält, daß sie irgendwann seine Liebe erwidern wird. Er fleht seine teilnahmslose Frau an, findet sich dann aber damit ab, ihre Aufmerksamkeit nicht zu bekommen. »Zwischen diesen beiden Frauen bin ich ein hilfloses Kind,« sagt er. Um bei seiner Frau zu bleiben, übersteht er die Tage mit Beruhigungs- und die Nächte mit Schlafmitteln. Um sich vor sexueller Einsamkeit zu schützen, hat er eine Reihe von Affären in seiner näheren Umgebung, so daß sein Familienleben davon unberührt bleibt. Er fühlt sich als Opfer der Umstände und der durch sie ausgelösten Depressionen, die ihn sporadisch überwältigen. Er nimmt stärkere Medikamente, um seine Depression im Griff zu halten. In gewissem Sinne bleibt er verantwortlich für sein Selbstbild des Hilflosen.

Und was, wenn ich keinem Image verhaftet bin — ja, nicht mal einem Impuls, so daß ich den Impuls nicht aufzunehmen und umzusetzen brauche? Ein junger Mann erzählte mir von einem Experiment mit Gefühlen von Lust und Begierde.

> Ich lag allein auf meinem Bett und fühlte es in meinem ganzen Körper: alle möglichen Arten von Spannung. Aber ich entschied mich, diesmal nichts zu tun, sondern sie einfach dasein zu lassen. Ich ließ meinen Körper machen. Und dann, nach einer Weile ließ die Spannung nach. Zunächst wurde mein ganzer Körper ziemlich heiß. Aber ich ging diesem Gefühl nicht nach.

Hier bedeutet Verantwortung die Bereitschaft, sich nicht mit den Gefühlen zu identifizieren, nicht handeln zu müssen, sondern dem Impuls seinen eigenen Raum zu geben, damit er von selbst kommen und gehen kann.

Wir hier im Westen finden eine passendere Beschreibung dieser inneren Freiheit vielleicht in Sullivans und Batesons Gedanken, daß man dem Hang zum Alleinsein am ehesten gerecht wird, wenn man ihn als vorüberziehende Welle von Impulsen betrachtet.

Doch beiden Auffassungen gemeinsam ist die Freiheit von der Anbindung an ein »dauerhaftes Selbst«. »Selbst« ist hier lediglich ein sich veränderndes Band von Gefühlen, letztlich eine Rolle. In Thomas Manns Roman DER ERWÄHLTE trifft der große Papst Gregor als glücklicher, reumütiger Sohn (Jahre zuvor hatte er in inzestuöser Ehe mit seiner Mutter gelebt) etzschließlich wieder mit der Mutter zusammen und ruft: »Mutter!« – Und sie, eine schwache alte Frau, ganz erregt in ihrer Frömmigkeit, da sie nun vor ihrem Papst steht, ruft zurück: »Vater!« – was er tatsächlich auch ist, als der Vater ihrer Töchter. Hier ist das Selbst fließend geworden bis hin zum Rätselhaften. »Wer bin ich?« – so beginnt der Held in der ersten von Isak Dinesens ironischen LETZTEN ERZÄHLUNGEN. Diese Frage ist der höchste Zen-Koan.

Und aus dieser alles umfassenden Relativierung des Selbst geht Verantwortung in der Gestalttherapie auf neue Weise hervor. Es gilt nicht länger, verantwortlich gegenüber »meiner Authentizität« zu sein, einem nervösen, argwöhnischen, habgierigen Etwas, das Narzißmus von Liebe trennt. Jetzt gilt es, Verantwortung zu übernehmen für den Fluß flexiblen Handelns in der Gegenwart. Ich kenne eine junge Frau, die ihrer Erleichterung darüber, diese Verantwortung ohne Verhaftetsein zu empfinden, so ausdrückte: »Ich freue mich einfach sehr über die Entdeckung, daß es ein Ich gibt, das nicht hier ist.« So ist Verantwortung Antwort auf das, was sich ändert. Und dadurch bleibt sie unverwüstlich, beweglich und lebendig.

DER HEILIGE EHESTAND

Heiligkeit in der Ehe wird in diesem Essay psychologisch beschrieben als eine starke, komplexe, verpflichtende Bindung, wechselseitig respektvoll und verletzlich, deren einzigartige Tiefe für beide Personen das besondere Wort »heilig« evoziert. Es werden Beispiele angeführt, welche die Mängel und Gefahren problematischer Ehen einschließen.

Was in aller Welt ist …?

»Vielleicht soll das ein Witz sein«, fragen Sie sich womöglich, wenn Sie den Titel dieses Essays lesen. Gewiß klingt die Wendung »heiliger Ehestand« wunderlich, fern von den Normen, Inhalten und Problemen der modernen Ehe. Was könnte ein altertümlicher religiöser Standard da erhellen, der nach Vorschriften und Rechtlichkeit klingt?

Ich möchte mit einer Person beginnen, die heute allgemein für ihre Prinzipien und ihr Handeln bewundert wird: Mutter Teresa aus Kalkutta. Ein Student sagte zu ihr, als sie vor dem Harvard College eine Rede gehalten hatte: »Ihr Werk der Liebe an den Armen ist wundervoll. Aber können wir, als ganz gewöhnliche Menschen, das gleiche machen, was Sie mit Ihrer speziellen Gabe der Heiligkeit tun?« Darauf erwiderte Mutter Teresa: »Es ist unsere Natur, heilig zu sein.«

Vielleicht ist es die besondere Gabe dieser Frau, jenseits aller kirchlichen Dogmatik von einer einzigartigen und höchsten Qualität unseres inneren Lebens zu sprechen: von unserer Fähigkeit zur Ehrfurcht vor der Welt und unserem Sinn für das Unsagbare darin, von unserer Weltverbundenheit, unserer Kraft, uns im Mit-Leiden leidenschaftlich selbst zu erfüllen. Ein anderer Student bemerkte: »Ihr Leben ist in gewissem Sinne einfacher. Beispielsweise, weil Sie nicht verheiratet sind.« Mutter Teresa antwortete: »Aber ich bin verheiratet.« Sie wies auf den Ring, der ihre Verbindung mit Christus symbolisiert. Dann, die unvermeidlichen Probleme der Partnerschaft andeutend, murmelte sie: »Und er kann manchmal sehr schwierig sein.«

Zweifellos verursachen Partnerschaften Schwierigkeiten, ob mit Christus oder mit jemand anderem: zu viele Ansprüche – zu wenig Freiheit; Nachlässigkeit, wenn man Aufmerksamkeit will – Aufmerksamkeit, wenn man seine Ruhe will; Mißverständnisse, Taktlosigkeiten – und nichts davon vermeidbar. Natürlich gibt es in weltlichen Ehen die Chance der Intimität, der sexuellen Befriedigung, der Gründung einer Familie; doch um welchen Preis? Man heiratet immer auf eigenes Risiko, das ist wohlbekannt, aber sogar unter den besten Umständen bleibt die Gefahr bestehen. Ein frischverliebtes Paar muß an seine gemeinsame Zukunft glauben, ohne über hinreichende Sicherheiten zu verfügen; die beiden Partner müssen daran glauben, daß sie in den gegenseitigen Idealisierungen und Hoffnungen nicht ihre Fähigkeit zum Umgang mit den Krisen eingebüßt haben, die ganz gewiß anstehen. Nun kommt, um das Risiko noch zu erhöhen, die heilige Perspektive hinzu, die besagt, daß wir einen Bund fürs Leben eingehen, so daß wir durch den Akt der Ehe selbstverantwortlich, sozusagen »in eigener Haftung«, einen unkündbaren Vertrag schließen.

In Wirklichkeit wird die Sache durch dieses größere Risiko aber nicht schlimmer. Im Gegenteil: Die sakrale Sicht bedeutet, daß die Ehe dann am meisten gefährdet ist, wenn man sie ohne Gespür für die höchsten Güter antritt. Wenn ein Paar kein Gefühl der zugleich unmittelbaren wie grenzenlosen Verbundenheit hat, in der Ehrfurcht, Passion und Kontakt mitschwingen, so ist es das beste, wenn es weiter mit der Haushaltsführung herumspielt, und sein Zuhause ist dann eine Bequemlichkeit, in der die eigentlichen Seinstiefen unbehaust bleiben.

Neulich lud mich ein Freund zu einer Geburtstagsparty für Aaron ein, mit dem er seit dreißig Jahren glücklich zusammenlebt. Richard ist ein robuster Mann, ein bekannter Dichter und großer Redner. Aaron hingegen ist ein schüchterner, fast a-verbaler bildender Künstler, der sich nicht für Dichtung interessiert. Ihr gemeinsames Leben zeitigt viele gerechte Arbeitsteilungen: Der eine besorgt den Großteil der Hausarbeit und kocht, der andere kümmert sich ums Geschäft und gesellschaftliche Angelegenheiten. Aber worin, so fragte ich mich, liegt die anhaltende Tiefe zwischen ihnen? Richard gab mir eine einfache Erklärung: »Unsere Verbindung liegt völlig im Unbewußten«, sagte er.

So scheint es mit der spirituellen Vereinbarkeit zu sein; wir sprechen von etwas, das unbewußt gewährt wird. Doch dann tauchen schier unüberwindliche Probleme auf. Wie können wir über eine Beziehung sagen, wir seien vorgewarnt, wie können wir sie erneuern oder verbessern (was die erklärte Absicht der Paartherapie ist), wenn wir uns sozusagen immer in nicht zu beeinflussenden Tiefen befinden? Es ist wie mit der Empfindung von Heiligkeit selber: Man kann sie nicht willentlich herbeiführen. Keine Anordnung und keine Manipulation macht eine Kuh heilig; sie ist es oder sie ist es nicht. Und genauso ist es mit tiefen Beziehungen, das ist die unverrückbare Wahrheit. Vermittlung von Partnerschaften mit Hilfe von Computern ist per se oberflächlich, und alle Überlegungen, wie es »sein könnte« oder »sein müßte«, bleiben außen vor.

Bleibt uns trotzdem ein vernunftgeleiteter Zugang? Oder, anders ausgedrückt, in Erinnerung an Mutter Teresas Worte: Was kann das Heilige in uns erwecken?

Niemand, kein Ehepartner und kein Paartherapeut, kann eine gute Ehe bewerkstelligen. Aber man kann etwas darüber sagen, was nötig ist, damit eine gute Ehe vollzogen werden kann. Diese unfaßlichen und nicht kontrollierbaren Dinge können, wenn sie schon nicht zur Vorhersage taugen, immer hinterher herausgefunden werden, und sie können selbst in lange bestehenden Ehen erfolgreich wirken, wo sie bis dahin keinen angemessenen Raum hatten. Eine Liste folgt. Nein, um nicht vermessen zu sein (denn es könnte ja sein, daß ich einen Faktor übersehen habe): Hier ist meine unvollständige Liste.

Wie ein heiliges Band entsteht

Zuallererst: beiderseitiges Vertrauen. Vertrauen ist die Bereitschaft, jemandem Macht über sich einzuräumen, über die eigene Kontrollmöglichkeit hinaus. Wenn wir mißtrauisch sind, sitzt der andere auf dem Trockenen. Wir zwingen ihn oder sie, einen Vertrag zu unterzeichnen, oder wir halten uns in einem Abstand, der mit der Überschrift »sicher« versehen ist. Vertrauen hingegen hat einen Aspekt von Unterwerfung. Man vertraut dem anderen, daß er die Freiheit und die Unterstützung nicht dazu benutzt, einem Leid zuzufügen, daß er vielmehr gute Absichten und eigene Kompetenzen erweist: Ein entspannter Fahrgast vertraut dem Taxifahrer, ein Patient dem Chirurgen, ein Komponist den Musikern, die sein Werk aufführen, ein schwächerer Hund dem stärkeren, dem er seine Kehle bietet. Auf diese Weisen – und in der Ehe lebenslänglich – lädt der Vertrauensvolle den anderen ein, vertrauenswürdig zu sein.

Wie entsteht Vertrauen? Es ist unvermeidlich ein Akt des Glaubens. Glaube woran? An den absoluten Wert der anderen Person für das, worum es geht; und in der Ehe ist das, worum es geht, etwas Fortdauerndes. Und so wie der Sinn für einen absoluten Wert nur in einem selbst beginnen kann, muß Vertrauen bedeuten, daß man an eine grundlegende Verbindung zwischen einem selbst und dem anderen glaubt:

Man teilt diesen absoluten Wert. Hier reichen sich das psychologische und das heilige Band die Hände.

Vertrauen in den anderen schließt ein, daß einem selbst vertraut wird; die grundlegende Verbindung verlangt diese Gegenseitigkeit. Aber persönliche Scheuklappen können bewirken, daß das Vertrauen schief und einseitig bleibt. Das alte, wohlbekannte Beispiel ist der Mann, der von seiner Frau Treue erwartet, während er sich selbst flüchtige Liebschaften erlaubt. Die Frau ist vielleicht nicht ahnungslos, spielt aber mit, indem sie darüber hinwegsieht. Oder die Einseitigkeit schleicht sich auf weniger offensichtliche Weise ein. Zum Beispiel: Ein Ingenieur in meiner Praxis, der mit Investitionen ziemlich erfolgreich ist, will, daß seine Frau ihm mehr Vertrauen entgegenbringt als er selbst zu geben bereit ist: Als Zeichen dafür müßte sie ihn ihr geerbtes Geld verwalten lassen, das sie aus der Zeit vor ihrer Ehe besitzt und in den Händen eines soliden Finanzberaters gelassen hat. Sie sorgt gut für das gemeinsame Zuhause und eine sechsjährige Tochter und teilt ihr kleines Einkommen als Künstlerin mit ihrem Mann. Sie würde, wie sie ihm sagt, ohne Zögern ihr ganzes Erbe aufwenden, um ihm zu helfen, beispielsweise im Falle einer schlimmen Krankheit. Diese Vorstellung beeindruckt ihn. Ihr zugegebenermaßen ängstlicher Wunsch aber, die Kontrolle über ihr Geld zu behalten, falls es in einer unvorhergesehenen Notlage gebraucht würde, bedeutet in seinen Augen einen traurigen Vorbehalt, eine entschiedene Weigerung, ihm zu vertrauen. »Du willst mich managen, wie immer«, sagt sie zu ihm, und das ist, denke ich, ihr sehr ernstzunehmender Einwand. Er will nicht wahrhaben, daß in Wirklichkeit er es ist, der ihrem Vorbehalt nicht traut, daß also er (nicht nur sie) nicht vertrauenswürdig ist.

Den uneingeschränkten Wert einer anderen Person zu spüren, ist an sich schon erschreckend; hier zum Beispiel sehen wir, wie der Mann sich diesem Gefühl durch seine eigene Forderung verweigert. Aber noch beängstigender ist meiner Meinung nach die Verantwortung für die Wertschätzung des Vertrauens, das der andere einem entgegenbringt. Bedürfnisse und Wünsche sind dann nicht mehr auf die leichte Schulter zu nehmen, dürfen nicht verraten werden, und der andere wird *so wie er ist* akzeptiert, – eine Wendung (as-is), die wir merkwürdigerweise meistens beim Verkauf von Gebrauchtwaren verwenden. Und in der Tat bedeutet akzeptiert zu werden, »wie man ist«, daß man bedingungslos, ohne Veränderung und ohne Korrektur als einwandfrei angenommen wird, und diese völlige Akzeptanz gewährt eine geradezu göttliche Weite. Das ist eine wunderbare Sache.

Diesen Punkt will ich etwas weiter ausführen. Jemanden akzeptieren, »wie er ist«, heißt, daß an der Person so wenig auszusetzen ist wie an einer Blumenwiese oder an einem Sonnenuntergang. Im Gegenteil: Jemandem so ursprünglich zu begegnen wie etwa ein Künstler der Natur, bedeutet, mit ihm oder ihr völlig ungeteilt in Berührung zu sein und genau auf diese Weise in der Person eine neue Eigenschaft oder Schattierung oder eine weitere Nuance zu entdecken. Nun klingt all dies nach idealem Akzeptieren, und das ist es auch tatsächlich, so daß die Weisheit des Humoristen Ashley Brilliant sticht: »Wenn ich dich so akzeptiere, wie du bist«, beobachtet er in einem prägnanten Aphorismus, »heißt das nicht unbedingt, daß ich jegliche Hoffnung aufgegeben habe, du könntest dich bessern.« Und auch wenn wir darüber lachen, bleibt doch das Faktum: Freiheit von Forderungen an den anderen bedeutet zugleich Freiheit den eigenen gewohnheitsmäßigen Erwartungen gegenüber. Und jede Freiheit von Gewohnheit ist zuallererst eine Erleichterung, also ein Geschenk. Genügend solcher Erleichterungen, und wir erschließen jene Quelle, aus der alle diese Geschenke kommen. Diese Quelle nenne ich göttlich.

Dieser Zugang zum anderen beruht aber nicht auf Desinteresse. Eine unvermeidliche Bedingung des Selbst ist immer gegenwärtig: Man muß selbst bekommen, was man von dem anderen braucht, um ihm geben zu können, was er braucht. Diese Eingrenzung des Grundbedarfs ist nun aus verschiedenen Gründen nicht immer einfach. Einem Bekannten von mir, den Selbstzweifel plagen, fällt es beispielsweise schon schwer, überhaupt an seine eigenen Bedürfnisse zu glauben, so daß er kaum darauf achten kann, ob sie erfüllt werden oder nicht. Seine Lebensgefährtin wird damit um die Freude gebracht, ihn zu erfreuen. Ein anderer Mann ist aus Angst, seine Frau zu verlieren, so darauf aus, sie zufriedenzustellen, daß er seine eigenen Bedürfnisse nicht beachtet, obwohl er inzwischen angefangen hat, mir zu erzählen, worin sie bestehen: Er will eine Frau als Partnerin und als Anima; und er will, daß sie ihm vertraut. Wie bei dem Mann, von dem ich zuvor gesprochen habe: Muß jener Mann seine Frau weiter und weiter kontrollieren? Oder könnte es sein, daß er ihr vertrauenswürdiger erscheinen würde, wenn sie ihn so akzeptierte, wie er ist und ihm ihr Geld anvertraute, so daß er die Zügel loslassen könnte, denen sie jetzt widersteht? Sein eigenes Bedürfnis, Kontrolle auszuüben, folgt aus einem viel früheren Vertrauensbruch: durch Eltern, die nicht so großzügig für ihn sorgten, wie er es sich gewünscht hätte, und die ihm Zuwendung nur gaben, wenn er tat, was sie wollten. Seine Frau sichert sich nun selbst gegen ihn, und obwohl sie loyal ist, kann sie nur wenig von der Liebe fühlen, die sie fühlen möchte. Zu entdecken, daß ihre Kontrollen überflüssig sind, wäre für beide gemeinsam ein entscheidender Schritt in Richtung auf eine neue Freiheit.

Eine Menge Arbeit in der Einzeltherapie konzentriert sich darauf, Bedürfnisse – zum Beispiel nach Sicherheit mit anderen, nach kreativem Ausdruck oder nach selbstloser Hingabe an andere – zu klären und zu unterstützen; das geschieht dadurch, daß der Therapeut seine Perspektive darauf richtet, welche Probleme der Patient – aus dessen Sicht – mit seinen Bedürfnissen gehabt hat. Diese Art zu sehen wird Empathie genannt. Sie ist keineswegs auf klinische Situationen beschränkt. In erfolgreichen intimen Beziehungen herrscht sie vor: Wenn man bekommt, was man braucht, wird man durch den anderen empathisch akzeptiert und geschätzt. – Das weist auf den zweiten Punkt in meiner Liste.

Gegenseitige Empathie

Empathie ist – wie Vertrauen – möglich, wenn ein ursprüngliches Band zwischen Menschen vorhanden ist, ein Band, das das »Sehen von der anderen Seite aus« ermöglicht. Obwohl die Empathie aus diesem Band hervorgeht, hängt sie von unserem inneren Sinn für Veränderlichkeit ab: Wie anders könnte mein Naturell oder meine Verfassung sein, verglichen mit dem, was ich jetzt bin; wie anders – und doch auch faßbar und annehmbar – ist also eigentlich auch der andere für mich. Projektionen, die den anderen eigentlich nur aus dem eigenen Blickwinkel sehen, können selbst Empathie hervorrufen, wenn sie positiv sind. Jemand ist zum Beispiel leidenschaftlich attachiert, hingebungsvoll mit Leib und Leben, ganz und gar besessen vom Entwurf eines geliebten Wesens, das er anbetet und feiert. Aber die Empathie bleibt innerhalb des Blickwinkels der Projektion und endet oft jäh – mit deren Ende. »Was habe ich je an ihm, an ihr gefunden?« sagen wir dann.

Mit einer Empathie aber, die von Projektionen frei ist, überdauert das, was wir in ihm, in ihr sehen. Mehr noch, das Bild wächst, wird bedeutsamer, weil der andere, wie wir selbst, sich verändert und neue Aspekte sich entwickeln, die wahrgenommen und beantwortet sein wollen – die innige Freude einer Frau mit ihrem ersten Kind, die Einsamkeit eines alten Mannes, der seine Frau nach vierzig gemeinsamen Jahren verloren hat. In der Psychotherapie ist Empathie die beste Frucht der Arbeit. »Es fällt meinem Mann entsetzlich schwer, Kritik anzunehmen«, sagt eine Frau mit bislang ungeübter Nachsichtigkeit. So verstanden, wird auch er zusehends entspannter. »Unter ihrer äußeren harten Schale kann sie sehr weich sein«, erzählt mir ein Mann über seine Lebensgefährtin. Und beide fühlen sich miteinander verbunden. Je mehr Empathie vorhanden ist, desto wirksamer ist zugleich die Kandare gegen die alten Projektionen, die jederzeit wieder wach werden können. Ein Mann erzählte mir über seine Frau: »Sie sagte, ›Fahr doch nicht so dicht auf!‹ Ich dachte: ›Genau wie meine Mutter!‹, aber ich fühlte: ›Ich will sie nicht ängstigen, und unsere Sicherheit ist tatsächlich gefährdet.‹ Ich fuhr langsamer. Wir redeten dann über irgend etwas anderes weiter.«

Empathie, die wir erfahren, respektiert unmittelbar unsere Bedürfnisse und Grenzen. Dann ist es einfacher, »Nein« zu sagen: zu einem Verhalten, das ich nicht mag, zu Nähe, wenn ich allein sein möchte, zu Sex, wenn es der falsche Zeitpunkt für mich ist. Ich muß mich nicht verteidigen. Er oder sie kann ohne Angriff und ohne Vorwurf begreifen, was ich meine. Und dann wiederum bin ich – im Vertrauen – selbst freizügiger mit den positiven Dingen, die ich im Sinn habe.

Auf diese Weise gewinnt die Beziehung an Tiefe.

Aber was sind das für Dinge, die womöglich damit gemeint sein könnten? Wir sind bei meinem dritten Punkt angelangt.

Psychischer Polymorphismus

»Polymorphismus« hört sich an wie ein heidnischer Fremdkörper in meinen Kategorien heiliger Verbundenheit. In dem

Wort klingt für uns Freuds Beschreibung der kindlichen Sexualität als »polymorph pervers« an, oder die griechische Antike mit ihren polymorphen Göttern, die sich in sterbliche Menschen, Schwäne und Stiere verwandeln. Ich bitte um Nachsicht, wenn ich hier etwas ebenso Wechselhaftes, mitunter ebenso Verspieltes, jedoch viel weniger Kapriziöses meine, etwas, das genug Anmut besitzt, um in einem Kirchenfenster dargestellt zu werden.

Am Anfang stehen die Liebenden. Aus den Tiefen des Verlangens steigt ein Bild auf, die Vorstellung von einem Wesen, das der Liebe Flügel verleiht, und er oder sie sucht nach jenem anderen Wesen, in dem dieses Gefühl des Fliegens erfahrbar wird. Dieses Bild rettet Psyche, als ihre eifersüchtigen Schwestern sie von der Klippe stoßen, und in der Nacht, in ihrem Zauberschloß, als ihr Geliebter, den sie nicht sehen kann, zu ihr kommt. Es rettet auch den Ritter aus König Artus' Tafelrunde, der sich auf seiner Suche gegen Drachen zu behaupten hat. Alle ersten Liebesschwüre entspringen diesem Bild, und es ist der rote Faden aller traditionellen Eheversprechen. Eine viel schwierigere Aufgabe folgt.

Psyche verliert ihren Traum und muß darauf ihre sterblichen Beine benutzen, um ihn gegen vielerlei Widrigkeiten wiederzuerlangen. Der Ritter muß dem geflügelten Bild treu bleiben, auch wenn es ihm in der Maske einer alten, häßlichen Hexe erscheint. Alle Ehen kämpfen mit dem Verlust des geliebten Gesichts und müssen daran glauben und es wiederzuentdecken versuchen. Die Tiefe der Beziehung hängt davon ab; ohne es reißt der Faden. Partner, die einander ihr Unglück über ihre Verluste anvertrauen können, gehen noch nicht annähernd weit genug. Die Intimität, der sie bedürfen, entsteht, wenn zwei Personen auch ihr Glück miteinander teilen wollen und ihr Glück im Glück des anderen finden. Sexuelle Erfüllung folgt diesem Beispiel – oder ist sein Vorbild: Beginnend mit befriedigtem Verlangen, wird das Verlangen des Partners befriedigt, und die Befriedigung des Partners mündet in der Befriedigung des eigenen Verlangens.

Solche mit dem andern geteilten Gemeinsamkeiten erzählen von persönlichen Freuden. Es gibt darüber hinaus aber noch ein weiteres psychisches Band, das eine andere Form hat: Gemeinschaftlichkeit. Ich meine gemeinsame Unternehmungen, Pläne und Schwierigkeiten, die über die Partner hinausgehen, in der Versorgung der Familie, in der Sorge um die Weltlage, in den grundlegenden Werten etwa eines Lebensweges oder einer Lebensansicht. Auch in diesem weiteren Sinne kann jeder die Individualität des anderen in den Wechselfällen des Lebens unterstützen, in denen Hoffnungen, Pläne und Vorbedacht sich mit Enttäuschungen und unvorhersehbaren Zufällen vermischen. Liebe, die durch Intimität gewiß wird, vertieft die Empfindung von Freundschaft und wird zu jener menschlicheren Liebe, von der Rilke in den »Briefen an einen jungen Dichter« sagt, daß in ihr »zwei Einsamkeiten einander schützen, grenzen und grüßen«. Und ohne die Freundschaft bliebe die Liebe selbst begrenzt, eine besondere Oase, keine lebendige Gegenwart in der ganzen je eigenen Welt.

All diese Gleichheiten sind jedoch nur eine Seite der Beziehung. Sie entwickelt sich auch durch komplementäre Ergänzungen: Dabei ist – wenn es nötig ist – jeder der Partner zeitweise Vater oder Mutter für den anderen. Sicher ist es dafür eine gute Übung, wenn man seinen Kindern wirklich Mutter oder Vater ist, aber die Fähigkeit, väterlich oder mütterlich zu sein, ist auch ohne dies vorhanden. Und es ist tatsächlich so, daß das gelegentliche Bedürfnis eines Partners sich auf universelle Eltern, auf androgyne Elternschaft richtet, und das kann natürlich sowohl der Mann als auch die Frau sein. Das Bedürfnis wächst dann stürmisch und heftig. Zu einer Zeit verlangt die Frau, daß der Mann ihr in einer schwierigen Karriereentscheidung als liebender, erwachsener

Freund beisteht. Zu einer anderen Zeit – das kann der nächste Augenblick sein – wünscht das kleine Mädchen in ihr sich ihn als mütterlichen Tröster, der ihr eine Leckerei aus der Küche holt. Dann wieder will sie die elterliche Unterstützung, in der er ihre Probleme anhört und ihr ganz viel Mut macht, ohne sie wie ein kleines Kind zu behandeln. Der Mann seinerseits möchte, daß die Frau als Partnerin an seinen Erfolgen und Sorgen Anteil nimmt. Aber wenn er im Morast schwerer Verluste oder Irrtümer untergeht, braucht der kleine Junge in ihm ihren mütterlichen Schutz vor weiterem Streß, und vielleicht auch ihre väterliche Kompetenz, so daß sie etwa Angelegenheiten regelt, die normalerweise zu seinen Aufgaben gehören, während er wieder Mut und Kraft sammeln kann.

Es ist wahr: Die gleichwertige, erwachsene Beziehung verleiht der Beziehung als solcher ihren weitesten Ausdruck und ihre tiefsten Wurzeln zugleich. Die Komplementaritäten hingegen unterminieren die Beziehung, solange sie nicht eingeordnet sind. Dann allerdings stellen sie reiche Verästelungen und Nahrung für die Hauptwurzeln dar.

Aber diese breite Palette von Bedürfnissen kann an den Gefährten, die Gefährtin nur herangetragen werden, wenn der Mann und die Frau sich beide frei genug fühlen, so bedürftig zu sein. In ausgeglichenen Partnerschaften vermehrt diese Freiheit im Gegenzug die eigene Freude am Antworten auf das Bedürfnis des anderen. Sogar wenn sich beide gleichzeitig wie bedürftige Kinder fühlen, ist normalerweise einer von beiden in der Lage, etwas elterliche Stärke, empfängliche Sorge oder hilfreiche Orientierung aufzubringen, was tatsächlich dem anderen wiederum ein Exempel erfolgreicher Selbstversorgung bietet. »Zusammen glückliche Kinder« zu sein, gehört unbedingt zum Repertoire der Liebenden. Und wenn sie zu anderen Zeiten wie zwei geschlagene Hunde im Bett liegen und leiden müssen, so ist auch das eine große Tröstung und letztlich sogar irgendwie vergnüglich.

Wenn sie zu einer Erklärung genötigt werden, sagen Leute aus guten Ehen zumeist vage: »Ich glaube, wir haben einfach die richtigen Dinge gemeinsam.« Die »Dinge«, würde ich hinzufügen, sind die ganze bunte Vielfalt psychischer Formen.

Aber so viel Eingehen auf Bedürfnisse erfordert einen unerschütterlichen Sinn für die Beziehung, als ob das gemeinsame Leben inmitten der vielfältigen Wünsche nach Unabhängigkeit einen Zielflug-Instinkt besitzt und diesen am Feuer der Liebe immerfort neu entbrennen läßt, so daß man sich stets selbst wieder heimleuchten kann. Dieser Instinkt sitzt scheinbar ganz tief in uns und führt mich zu dem letzten Punkt auf meiner Liste.

Gegenseitige Verpflichtung

»Verpflichtung« ist ein zweischneidiges Wort. Es kann einen großen Verlust bedeuten: den offensichtlichen Verlust von Freiheiten des einzelnen in der Ehe. Es kann einen großen Gewinn bedeuten: in der Ehe den Gewinn einer erweiterten Verbindung zur Welt. Aber diese Erweiterung schließt unvermeidlich eine Abhängigkeit ein, und Abhängigkeit klingt auch nach Verlust, es sei denn, es handelt sich um eine Abhängigkeit von jemandem, der an das Recht auf Privatsphäre und an die Notwendigkeit gelegentlicher Unabhängigkeit glaubt. Das Wechselspiel zwischen Vertrauen und Empathie ist hier offensichtlich — und auch noch etwas anderes: Diese Anerkennung von jemandem zu erfahren, der einen mag, bedeutet, sich geliebt zu fühlen. Diese Anerkennung jemandem zu geben, den man selbst gern hat, heißt lieben. Ich denke an Goethes Aphorismus aus den »Wahlverwandtschaften« (Maximen und Reflexionen): »Freiwillige Abhängigkeit ist der schönste Zustand, und wie wäre der möglich ohne Liebe.«

Verpflichtung ist ein auf Dauer angelegtes Gefühl, eines, das nie selbstverständlich wird und sich im Streben nach seinen Bedürfnissen beständig selbst erneuert. Solche Wachheit paßt natürlich zu einem Garten, den man pflegt, zu einem Buch, das man schreibt, oder zu einem Kind, das man aufzieht. Aber in der Ehe muß die Verpflichtung beiderseitig sein. Einer meiner Freunde war einst mit einer sehr hübschen, warmen, flexiblen, berufstätigen Frau verheiratet, die er mochte und die ihn liebte. Aber sie wollte Kinder, er nicht. Und er wollte Affären haben. Sie konnte das nicht ertragen. Sie trennten sich. Er heiratete sechs Jahre später eine schwierigere Frau, selbstbezogen, prestigebewußt und zänkisch. Aber diesmal war es ihm viel ernster als beim ersten Mal. Er liebt sie und ist loyal; sie schätzt ihn. Sie haben zwei Kinder, die seine ganze Freude sind.

Das wirkliche Bedürfnis eines anderen zurückzuweisen, macht die Verpflichtung zunichte. Und für den anderen bedeutet Zurückweisung durch jemanden, dem man vertraut und den man zu lieben begonnen hat – ob nun mit klarem Kopf oder nicht –, jene schreckliche Lücke zu erfahren, die durch die Abwesenheit der Verpflichtung entsteht. Die – oft nicht ausgesprochene – simple Wahrheit über das Leiden vieler Frauen, die von ihren Psychotherapeuten verführt wurden, ist, daß sie nicht am Beginn eines unprofessionellen Verhaltens leiden, sondern daß dessen Ende oder auch irgendwelche auferlegten Beschränkungen Schmerzen verursachen. »Er meinte das nicht ernst, was er getan hat. Er hat die Beziehung nicht mit dem Herzen gemeint.« Das ist die Ungeheuerlichkeit.

Allerdings gewährleistet Beständigkeit einer Beziehung an sich noch nicht Verpflichtung, sie kann sie sogar zerstören. Ein Psychiater, den ich kenne, gibt davon ein beredtes und trauriges Zeugnis. Seine Frau war eifersüchtig auf eine junge Patientin geworden, die sie oft sah, da die Praxis bei ihnen im

Haus war. Ihre Eifersucht wuchs, nachdem er die Patientin einige Male in ihrer Wohnung aufgesucht hatte, als sie krank war. Die Patientin machte sich wirklich sehr viel aus ihm, und zu jener Zeit gab es keinen anderen Mann in ihrem Leben. Obwohl er in seiner Arbeit ein gutes Gewissen hatte, fing er bei der fortdauernden Eifersucht zu Hause während zweier Jahre doch mehr und mehr an, sie als »die andere Frau« in seinem persönlichen Leben zu sehen, wegen der seine Frau verzweifelt und in Tränen war. »Es ist eigenartig«, sagte er später zu mir, »ich habe der Patientin genau so schlecht gedient, als wenn ich sie wirklich verführt hätte. Ohne ihr Wissen behandelte ich sie wie eine Affäre von mir. Es kam mir damals nicht in den Sinn, mit irgend jemandem darüber zu sprechen, mir einen Rat zu holen, meine Praxis aus meinem Haus hinaus zu verlegen, um meine Verpflichtung ihr gegenüber einzuhalten. Eines Tages sagte ich, ohne Vorwarnung und jede weitere Erklärung verweigernd, daß unsere Arbeit mit sofortiger Wirkung beendet sei. Sie war bestürzt, verwirrt, verletzt und natürlich sehr zornig. Sechs Monate später – mein Gewissen beruhigte sich nicht, ich konnte die Sache nicht ruhen lassen – fand ich durch den Mann, der mich ihr zuerst empfohlen hatte, heraus, wie es ihr ergangen war. Sie hatte sich zwei neue Therapeuten zugelegt, falls wieder einer sie verraten würde. Ihr ging es ganz gut. Aber mir nicht. Meine Aktion half meiner Ehe für ein paar Monate. Meine Frau war dankbar, und ich spürte mein Ressentiment nicht. Bisweilen kam allerdings ein Gefühl großer Entfernung über mich. Wir hatten andere Probleme, aber dieses eine, schwere, ließ mich nicht los. Ich war nicht mehr wirklich bei meiner Frau.« Heute, fünfundzwanzig Jahre später, längst mit einer anderen Frau verheiratet und glücklich, erinnert er sich immer noch voll Reue an sein Verhalten.

Dieser Vorfall scheint das Scheitern einer Ehe geradezu zu begründen. Und doch sind Voraussagen nicht möglich. Um das auszuführen, was ich bereits gesagt habe: Es gibt nicht die Ehe, die ohne Konflikt, frei von Schmerz, frei von verletzender Selbstsucht oder frei von schweifenden Blicken nach anderen ist (wenn sie nicht unterdrückt werden). In jedem Alter kann die Leidenschaft seltsame Spiele mit dem hingebungsvollen Herzen spielen. Und die sichersten Beziehungen können unter dem Unkraut von Sticheleien und Klagen oder den gequälten Blicken des »Ich sage ja nichts, aber ...« verwildern und verkommen. Und doch glaube ich daran, daß die Haltung einer idealen Verpflichtung – nennen wir es eine ideale Treue – durchaus möglich ist, und daß sie die wirkliche Treue nähren kann, die die Blüte der Liebe erhält. Umgekehrt allerdings können die Menschen sich zu dieser Treue nur verpflichten, wenn sie ihrer inneren Notwendigkeit verpflichtet sind, wenn sie den Wert solcher Konzentration schätzen können, und wenn sie die Verpflichtung ohne Selbstbetrug wirklich bejahen.

Wieder werden wir auf das innere Leben jedes der beiden Partner verwiesen. Sicher gründen Vertrauen, Empathie, Freiheit der Selbstakzeptanz und ein Bedürfnis, sich selbst unter eine Pflicht zu stellen – alle diese Faktoren von Tiefe in Beziehungen –, in den Tiefen der Person selbst; wie das Sprichwort sagt: »Nächstenliebe beginnt immer zu Hause.«

Harmonie der inneren und äußeren Ehe

Eine Beziehung kann also nur so tief, so heilig im hier angesprochenen Sinne sein wie die Verbindung zu einem selbst. Die Empfindung für den anderen kann allerdings ein gutes Maß für die eigene Selbstempfindung sein – am deutlichsten vielleicht in der Empfindung für einen Fremden. Was denke ich von ihm, von ihr, die sich da gerade um ihre eigenen Angelegenheiten kümmern, auf der anderen Straßenseite, in einem

Aufzug oder auf dem freien Platz neben mir im Flugzeug? Unterstelle ich gute Absicht? Bedrohung? Möglicherweise Anforderungen? Ärger? Bewertung? Interessante Verwicklungen? Etwa eine Zuflucht? Diese Gedanken sagen natürlich etwas über meine tatsächlichen vergangenen Erfahrungen mit anderen, aber sehr viel genauer sind sie ein innerer Spiegel: Einstellungen, die ich mir selbst gegenüber habe, werde ich in der Folge auch im anderen wiederfinden, der mein Vertrauter wird.

Und um eine großzügige und vertrauensvolle Intimität in jener Tiefe des Heiligen zu entwickeln, begegne ich mir in einer Reihe weiterer Fragen. Wie sehr traue ich dem Reich meiner Stimmungen? Wie weit akzeptiere ich die Logik und Unlogik von Bedürfnissen, einschließlich jener Ängste und Hemmungen, von denen ich gern frei sein möchte? Wie weit nehme ich mich an als zärtlich und abenteuerlich, eigenwillig und launisch, vertrauensvoll und überraschend, erwachsen und kindlich, Mann und Frau, als Quelle von Kräften, bekannten, erahnten und unbekannten? Wie treu bin ich meinen Zielen in Versuchungen und Enttäuschungen? Wie gut kann ich einschätzen, worin die Treue mir selbst gegenüber wirklich besteht? In der Ehe ist oft die Treulosigkeit sich selbst gegenüber das größere Verbrechen als die Untreue dem Partner gegenüber. Und da wir durchsichtiger sind als wir gerne wahrhaben wollen, ist es zumeist das, was der gekränkte Partner in den Nachwirkungen erlittener Untreue beklagt. »Er sagt, daß er wirklich mich will. Aber ich glaube ihm nicht.« Oder, mit Hoffnung: »Ich denke, ich kann ihm glauben.« Oder, in einer zusätzlichen, inneren Frage: »Aber will ich ihn noch?«

Was das Maskuline und das Feminine in uns betrifft, so denke ich an den Gegensatz der Ausdrucksweisen, den Karen Blixen den zwischen »machen« und »sein« nannte: männliches Tun, um etwas zu erreichen, weibliche Empfänglichkeit dem Leben gegenüber, wie es ist. So weit gefaßt, schließt diese Unterscheidung natürlich die Kräfte eines jeden von uns ein, unsere grundlegende Androgynität – sie wird heute angenommen, um verschiedene Formen der Partnerschaft zu leben. Nicht nur in den Eltern-Kind-Komplementaritäten, die ich beschrieben habe, sondern auch in homoerotischen Bindungen, die die Tiefe und Tragweite traditioneller Ehen haben können. Die Gesundheit dieser Bindungen erwächst, um es noch einmal zu sagen, aus der Tiefe der inneren Bedürfnisse der Partner. Wie auch immer gegenseitige Liebe sich ausdrückt, sie hat ein einziges Verlangen: daß man von der Person angebetet wird, die man anbetet (aber um Himmels willen nicht von einer anderen). So bedeutet auch gegenseitige Verpflichtung, daß man Hingabe als Geschenk, als eine Segnung aus dem innersten Wesen der Person erfährt, der man sich selbst ebenso hingegeben hat. All diese subtilen Dinge erwachsen umgekehrt erst aus einer hohen Selbstachtung, so daß der Mann und die Frau ihren eigenen Wert durch den hohen Wert des anderen nicht geschmälert empfinden und keiner von beiden für sein Selbstwertgefühl der Distanzierung oder einer überlegenen Position bedarf. Probleme mit dem Selbstwertgefühl zersetzen immer die innere Freiheit, obwohl sie hinterlistig sind und in überaus praktischen Verkleidungen auftreten. In vielen problematischen, aber stabilen Ehen konkurriert zum Beispiel das Gefühl: »Ich habe etwas Besseres verdient!« mit dem Gefühl: »Keiner würde es besser mit mir aushalten – oder zumindest ebenso.« Und das letzte Wort ist das stärkere.

In einer guten Ehe ist es, als ob ein Rätsel gelöst worden wäre. Aber nicht auf rationale Weise. Man fühlt es, die Lösung selbst ist wieder ein Rätsel. Bedürfnisse aus der Vergangenheit und aus den eigenen Tiefen, jene Bedürfnisse, die ich als wechselseitiges Vertrauen, Empathie, Anerkennung und Verpflichtung beschrieben habe, werden alle befriedigt: Das weiß man ganz genau, aber man weiß nicht zu sagen, wie. Denn es liegt nicht einfach an dem, was der Partner tut. Es liegt daran, daß er oder sie dieser eine, diese eine ist. Und doch bleibt etwas im Wesen des Partners auch unfaßbar, ein Geheimnis, ganz anders als das Geheimnis, das man selbst ist, auch wenn beide Geheimnisse einander antworten – Rauchzeichen zwischen zwei großen Rätseln. – Nur schlechte Ehen kann man erklären. Ihre Übelstände sind offensichtlich und klar.

Aber eine gute Ehe ergibt sich nicht aus Gelegenheit oder Glück, genauso wenig wie Zugvögel zufällig zu ihren Brutplätzen zurückkehren. Ein Gefühl innerer Bedürftigkeit ist der Wegweiser; und die Anerkennung dieses Bedürfnisses ist bereits eine innere Ehe, die zu der äußeren führt, deren Angemessenheit für die Partner aus der Empfindung herrührt, daß beide Ehen in Harmonie miteinander sind. Es gibt Schwüre der inneren Ehe, die in der Tat die Prototypen für die äußere Ehe darstellen. Man muß die Schwüre erst mit sich selbst ausmachen, bevor sie auch mit einem Partner halten können. Ich habe sie bereits an anderer Stelle (Wenn Sonne und Mond Zweifel hätten) formuliert und wiederhole sie hier:

»Ich nehme dich – mein Gefährte, meine Welt, mein Schicksal – als meinen angetrauten Ehegatten, [...] mich zu erfreuen und zu verärgern, mich zu verstehen und mißzuverstehen, mich sein zu lassen und mich zu behelligen und mich zu unterschätzen, fordernd und unvernünftig zu sein, selbstbezogen und selbstherrlich, unnachgiebig und rechthaberisch und stolz. Ich nehme dich in allem an, dich zu achten und zu ehren, solange ich lebe.«

Die inneren Schwüre sind der Initiationsritus für die äußere Ehe und bereiten uns darauf vor, die Ehe zu heiligen. Umgekehrt dient die gute äußere Ehe dazu, die innere Ehe zu befruchten: Das Paar gibt und empfängt innerlich um so mehr, je mehr jeder in der Beziehung gibt und nimmt. Durch dieses Zusammenspiel entwickelt sich eine lange bestehende

Ehe zu einer Art Organismus, dessen Teile die Individuen sind, welche ihrerseits in ihrem je eigenen Leben das Ganze spiegeln. Manchmal sehen glücklich verheiratete Paare einander im Alter ähnlich.

Kann es unter dieser Perspektive des Heiligen so etwas wie »eine gute Scheidung« geben? Ja, das ergibt sich unmittelbar: Wenn die äußere Ehe, die auf gegenseitigen Schwüren beruht und nicht einseitig zum Erfolg gebracht werden kann, nicht mit der inneren Ehe übereinstimmt. Nun kann ein einseitiges Ultimatum sicher Früchte tragen; wir ändern uns oft nur, wenn das Leben uns mit einem »Wenn nicht ...« konfrontiert. Beispielsweise sagte bei einem jungen Paar, das ich kenne, der Mann im ersten Jahr der Ehe zu seiner Frau: »Wenn du diese täglichen Kämpfchen über Kleinigkeiten nicht aufgeben willst, dann laß uns nicht weitermachen. Ich kann so nicht leben. Aber keine Angst. Ich werde, was das Geld betrifft, in jedem Fall fair mit dir sein.« Die Frau dachte: »Ich liebe ihn, trotz alledem. Das hier ist lächerlich.« Sie sagte nichts. Aber im Laufe der nächsten Wochen hörten die Streitereien fast ganz auf, und sie beschlossen gemeinsam, sich einen jungen Hund zu kaufen.

Hätte sie statt dessen erwidert: »Ich laß mir von niemandem etwas befehlen!« und wäre dabei geblieben, so wären die Fahnen der Empathie und Verpflichtung untergegangen, und die Ehe wäre wahrscheinlich zu Ende gewesen.

Andererseits halten viele schlechte Ehen, wie ich gesagt habe, aus Angst vor etwas Schlimmerem, oder die Spontaneität wird dem Wohl der Familie, der Karriere oder anderen Zweckdienlichkeiten geopfert. Auch ist nicht jede Scheidung bei beiden Partnern wohlbedacht, ebenso wie nicht alle Ehen mit inneren Eheschließungen beginnen. Aber bestenfalls erhält man eine wichtige Lehre über das, was man braucht und nicht bekommt, und was der Partner braucht, das man ihm nicht geben konnte. Psychologisch ist die Ehe dann nicht vollzogen worden; die zwei sind, wenn überhaupt, besser miteinander dran, wenn sie eine gewisse Distanz einhalten; und Scheidung führt dann zu dem, was die katholische Kirche eine Annullierung nennt.

Solche Entwicklungen sind schmerzlich, das Ende eines Traums, die Trauer um einen Verlust, Mahnungen daran, daß das Leben mit all seinen Schwierigkeiten und Stärken unausweichlich unsicher ist. Gewiß vergehen unsere Tage in endlosem Wechsel und schnell. »So entfliehn des Lebens schönste Stunden / Fliehn vorüber wie im Tanz«, heißt es in Joachim Heinrich Campes Gedicht »Abendempfindung«, das Mozart vertont hat. Der große chinesische Dichter des 8. Jahrhunderts, Tu Fu, zeichnet ein dunkleres und dramatischeres Bild: »Das Leben wirbelt vorüber wie trunkene Feuersbrunst.« Kann eine Beziehung durch die Absolutheit ihrer selbstgewählten Verpflichtung diesen Wirbel aufhalten? Kann sie in den Gelöbnissen der Partner eine Tiefe finden, in der nichts Vorübergehendes ist? Schauen wir in das Gesicht von Mutter Teresa, so können wir spüren, daß sie eine solche Ehe eingegangen ist. Wir alle können dies auch, aus dem Wissen um unsere Bedürftigkeit und aus der Hingabe unserer Herzen.

Anmerkungen und Bibliographie

1 Buber, Martin: Ich und Du. Heidelberg: Lambert & Schneider, 1983(11).

2 »Während Sie warten« – while you wait – ist amerikanisch für »sofort« oder »schnell« wie in »Sofortreparatur« oder »Schnellreinigung«.

3 Der Text des Tao Te King wird üblicherweise in 81 Versen gedruckt; die Nummern, die ich jeweils in Klammern angebe, beziehen sich auf den Vers, aus dem ich zitiere; der Titel wird »Dau Dö Dsching« ausgesprochen.

4 Ich verwende die Übertragung von Gia-Fu-Feng, denn mir gefallen seine lebhaften Bilder und die einfachen Worte, in die er große Gedanken faßt. Diese Übertragung ist auch ins Deutsche übersetzt worden [Lao Tse: Tao Te King. Eine neue Bearbeitung von Gia-Fu-Feng und Jane English. Übersetzung von Sylvia Luetjohann. München: Heinrich Hugendubel Verlag, 1978.]. Der chinesische Originaltext ist schwierig und kann auf verschiedene Weise interpretiert werden, aber sein wesentlicher Sinn, so wie ich ihn in diesem Vortrag immer wieder zitiere, ist allgemein akzeptiert.)

5 Trungpa, Chögyam: Spiritueller Materialismus. Freiburg i.Br.: Aurum, 1975.

6 Perls, Frederick S.: Grundlagen der Gestalt-Therapie. München: Pfeiffer, 1976.

7 Meine »profanen«, westlichen Beispiele lassen unsere deutlichste Parallele mit dem Buddhismus außen vor: die Tradition des mystischen Christentums, das das bedingte Selbst als etwas Trügerisches ansieht. So sagt der außergewöhnliche Meister Eckhard im katholischen Europa des 14.Jahrhunderts: So arm soll der Mensch sein (im Geiste), daß er keine Stätte hat noch ist, in der Gott wirken könnte... »Darum bitte ich Gott, daß er mich Gottes quitt mache, denn das noch unwesende Sein ist noch ohne alle Unterschiedenheit.« (Aus der Predigt von der wahren Armut)

8 Psychiatry, Nr.13, 1950.

9 Bateson, Gregory: Ökologie des Geistes. Frankfurt: Suhrkamp, 1992(4); S.590.

10 Ich gebrauche den Ausdruck »Nicht-Selbst« hier nicht wie Sullivans »Nicht-Ich«, d.h. im Sinne unerlaubbarer Impulse, sondern im Sinne einer mir anhaftenden Störung.

Quellenverzeichnis

Einleitung des Autors
Erstveröffentlichung
Aus dem Amerikanischen von Ludger Firneburg

»Wenn Sonne und Mond Zweifel hätten«
Zuerst erschienen in: Gestalttherapie, Heft 1/1992
Aus dem Amerikanischen von Angelika Fischer

Bubers ICH-DU und die ÜBERTRAGUNG in der Psychotherapie
Erstveröffentlichung
Aus dem Amerikanischen von Ludger Firneburg

Psychotherapie als TAO
Zuerst erschienen in: Gestaltkritik, Heft 1/1992
Aus dem Amerikanischen von Angelika Fischer

Gestalttherapie und buddhistische Lehren
Zuerst erschienen in: Seymour Boorstein (Hg.), Transpersonale Psychotherapie. Neue Wege der Psychotherapie. 1. Aufl. 1988. Bern — München — Wien: Ein O. W. Barth Buch im Scherz Verlag
Aus dem Amerikanischen von Elke vom Scheidt

Gestalttherapie und buddhistische Nicht-Anbindung
Amerik. Originaltitel: A Note on Gestalt Responsibility and Buddhist Non-Attachment
Zuerst erschienen in: The Gestalt Journal, Herbst 1984
dt. Erstveröffentlichung
Aus dem Amerikanischen von Ludger Firneburg

Der heilige Ehestand
Amerik. Originaltitel: Holy Matrimony
Zuerst erschienen in: Journal of Couples Therapy, Vol. 3 (1) 1992
dt. Erstveröffentlichung in: Gestaltkritik, 1/1995
Aus dem Amerikanischen von Marein von der Osten-Sacken und Karola Tembrins

Daniel Rosenblatt

GESTALTTHERAPIE FÜR EINSTEIGER

Eine Anleitung zur Selbst-Entdeckung

Aus dem Amerikanischen von Marein von der Osten-Sacken

Dieses Buch ist ein Vorgeschmack, ein Appetithappen von dem, was Gestalttherapie leisten kann: „Hier erfinde ich, was zwischen dir und mir geschehen könnte, damit du eine Ahnung davon bekommst, wie das Denken und wie die Techniken funktionieren, die womöglich benutzt werden, damit du wachsen, in Berührung mit deinen Gefühlen kommen und versteckte Seiten deiner selbst erforschen kannst, um du selbst zu werden."

119 Seiten / broschiert / ISBN 3-87294-699-4 / DM 19,80

James S. Simkin

GESTALTTHERAPIE

Minilektionen für Gruppen und Einzelne

Aus dem Amerikanischen von Ruth Reinboth

Ein historisches Dokument aus der „Jugendzeit" der Gestalttherapie, von einem der ersten praktizierenden Gestalttherapeuten überhaupt. Ein kraftvolles Buch, leicht zu lesen, gut verständlich und voll mit Anregungen für die eigene Suche, als Klientin oder Klient. Eine Pflichtlektüre für Therapeutinnen und Therapeuten, und für solche, die es werden wollen.

126 Seiten / broschiert / ISBN 3-87294-634-X / DM 19,80

Stefan Blankertz

GESTALT BEGREIFEN

Ein Arbeitsbuch zur Gestalttherapie-Theorie

In diesem Buch legt Stefan Blankertz die Antwort auf die Frage vor, wie gestalttherapeutische Praxis und gesellschaftskritische Theorie miteinander verzahnt sein müssen, damit aus Gestalttherapeuten nicht Anpassungstechniker werden. Das Buch ist die Quintessetnz aus 20 Jahren Studien zu Paul Goodman, dem Mitbegründer der Gestalttherapie, 15 Jahren Reflexion therapeutischer Theorie und 5 Jahren Erfahrung in der Ausbildung von Gestalttherapeuten. Wer einen systematischen Zugang zum (Selbst-)Verständnis der Gestalttherapie sucht, wird sich über diese Veröffentlichung freuen.

111 Seiten / A 4 / Spiralbindung / ISBN 3-87294-725-7 / DM 29,80

Die Edition wird herausgegeben von Anke und Erhard Doubrawa

Gestalt-Institut Köln (GIK) / Bildungswerkstatt im Peter Hammer Verlag